DANIELE MODUGNO

INVESTIMENTI IMMOBILIARI LOW COST

-DA MANEGGIARE CON CURA-

DANIELE MODUGNO

INVESTIMENTI IMMOBILIARI LOW COST

PRIMA EDIZIONE NOVEMBRE 2016

AGGIORNAMENTO FEBBRAIO 2020

Foto copertina di Giuseppe Pellegrini.

contatti:

facebook: /spaziourbanoimmobiliare/

twitter: @spaziourbano

blog: http://spaziourbanoimmobiliare.it/spazio-blog/

SPAZIOURBANO IMMOBILIARE

Via Forze Armate, 348, Milano

Tel. +39 02 4530630

www.spaziourbanoimmobiliare.it

"Tener conto dei vantaggi serve a elaborare i piani.

Valutare gli svantaggi serve a evitare guai"

L'arte della guerra

Sun Tzu

SOMMARIO

CAPITOLO 1

CON IL MATTONE SI GUADAGNA SEMPRE?

Una delle poche certezze di noi italiani è sempre stata che con il mattone ci si guadagni sempre!

Non importa in che momento storico si trovi il Paese, conta poco se si è in recessione o se l'economia va a gonfie vele, con o senza crisi: la convinzione popolare è sempre stata che se compri oggi una casa, sicuramente non ci perderai!

In Italia la ricchezza è rappresentata per il 60% dagli immobili. Da sempre per noi italiani l'immobile rappresenta il bene rifugio.

Ma è veramente così? Col mattone non si perde mai? La risposta giusta è... non proprio!

Spesso ho visto clienti perderci con il loro investimento immobiliare, molti si sono ritrovati con in mano un bene difficilmente rivendibile ad un prezzo sufficiente a recuperare quanto speso. In tanti ci hanno perso e molto, quindi? Dove sta la verità?

Ecco la risposta corretta:

INVESTENDO NEL MATTONE NON CI PERDI MAI.....SE SAI COME FARLO!

Se lo fai con testa, con competenza, utilizzando i giusti accorgimenti allora è difficile perderci, anche in piena crisi; viceversa, improvvisandosi grande investitore, senza conoscenze di base, allora potresti perderci anche molto!

Ma in ogni caso, che l'investimento immobiliare sia il più sicuro, lo si capisce anche dal comportamento delle banche, che come sappiamo tengono i fili dell'economia, basti pensare che arrivano a finanziarlo fino all' 80%.

In questo manuale ti svelerò tutti i trucchi, non solo per non perderci, ma soprattutto per guadagnarci, anche se non sei ricco, perché se già lo fossi, sarebbe tutto fin troppo facile e non avresti bisogno di leggerlo...

Ti fornirò tante idee semplici da attuare per cogliere tutte le opportunità del mercato e ritagliarti la tua fetta nell'immensa torta dell'Immobiliare. Analizzeremo i vari modi per acquistare casa a buon prezzo e a farla fruttare al massimo; vedremo come sia possibile farlo anche partendo da budget minimi, sfruttando al meglio le diverse tipologie di contratti e tassazioni favorevoli.

Sei pronto a diventare un vero investitore immobiliare?

CAPITOLO 2

IL MERCATO IMMOBILIARE

Prima di iniziare a cercare il nostro affare, facciamo una breve analisi sul mercato milanese. Milano segna sempre il passo e anticipa tutti gli andamenti economici sul territorio nazionale.

Sappiamo bene che dal 2008 abbiamo attraversato la crisi economica più lunga e profonda di sempre, il settore immobiliare a partire da quella data ha subìto un costante crollo dei prezzi, così come il numero delle compravendite, con tempi di vendita dilatati all'inverosimile.

Questo è stato il trend per diversi anni, una continua discesa dei prezzi, grosse difficoltà a vendere, immobili che si ritrovavano ad avere mutui residui più alti del loro valore.

Nel 2015, l'anno di EXPO, evento che ha messo Milano al centro del mondo, i prezzi hanno avuto una contrazione minore, ma comunque ha prevalso ancora il segno negativo.

Un timido segnale di ripresa si è avuto nel 2016, almeno come numero di compravendite, ma con prezzi sempre in calo, crescita che continuava anche nell'anno successivo.

Si sa come dalle crisi nascano sempre anche opportunità e infatti si è registrato un prolificarsi di case in asta, che ha attirato sempre più acquirenti, investitori e non, oltre cha a diverse tipologie di acquisto, come ad esempio il "Rent-to-buy", affitto per comprare, di cui parleremo in seguito.

È il 2019 l'anno che, secondo me, si può considerare come quello in cui si è usciti definitivamente dalla crisi: tempi di vendita ridotti al minimo, pochissime case che restano a lungo sul mercato, prezzi in salita.

L'aumento del numero delle compravendite è stato dato anche dall'elevato numero di acquisti da parte di investitori immobiliari, risparmiatori alla ricerca di una redditività maggiore di quella offerta dalle banche.

PROBLEMA	OPPORTUNITÀ	CONSEGUENZA
POCA REDDITIVITÀ BANCA	PREZZI IMMOBILI INFERIORI	INVESTITORI SUL MATTONE

Le previsioni del mercato immobiliare nella città di Milano per il 2020 sembrano essere orientate verso un ulteriore aumento dei prezzi, in una percentuale oscillante tra il 4% ed il 6%.

Poi c'è anche da considerare il discorso legato ai mutui, oggi è vero che è un po' più difficile accedere a un finanziamento, servono garanzie maggiori e un minimo di liquidità, ma i tassi sono ai minimi storici, sono quasi a zero! Oggi accedere a un mutuo è una scelta molto conveniente, si hanno rate notevolmente più basse rispetto a un tempo, quindi questo favorisce non poco le compravendite. È chiaro che se il mercato continuerà a crescere, anche i mutui torneranno a salire.

Comunque, nonostante la risalita, i valori sono ancora di molto inferiori ai livelli pre-crisi e chissà quando torneranno su quei livelli. Possiamo constatare che chi ha fatto un investimento immobiliare a Milano negli ultimi 15 anni non ha raggiunto alcun incremento di valore, con in più anche l'effetto dell'inflazione. Se avessimo acquistato un immobile 15 anni fa a Milano a prezzo di mercato, oggi il nostro investimento sarebbe molto probabilmente in perdita. Chiaramente questo se consideriamo soltanto i valori di compravendita e non come abbiamo utilizzato in questi anni il nostro bene.

Da tutto ciò si evince quindi che i mercati cambiano in fretta, nascono sempre nuove opportunità, ma anche trappole, bisogna stare molto attenti a come muoversi e cavalcare i trend favorevoli per ottenere sempre il massimo dal nostro immobile.

CAPITOLO 3

INIZIAMO FACENDO UN AFFARE!

Ed eccoci qui, Il primo step per ottenere il massimo da un immobile è acquistarlo bene, sembra banale ma è l'aspetto più importante; è qui che non si può proprio commettere errori: è necessario andare a caccia di un vero affare!

Il mercato immobiliare è pieno di immobili in vendita e tra questi ci sono tantissimi affari, nascosti in ogni angolo, basta scovarli!

Se parto da zero, la prima cosa intelligente da fare è: conoscere il mercato della zona in cui voglio fare il mio affare. Devo sapere bene i prezzi, vedere cosa c'è in vendita, valutare ogni aspetto.

In questa fase, ci può essere di grandissimo aiuto il sito dell'Agenzia delle Entrate, dove è possibile conoscere il valore medio di vendita al mq di ogni zona nell'ultimo semestre. Essendo un valore medio ricavato dal realmente venduto, diviso per tipologie, è un dato indubbiamente molto attendibile. È sufficiente andare sul sito dell'Agenzia, cercare "OMI QUOTAZIONI IMMOBILIARI" e inserire città e zona di interesse.

Chiaramente tutto ciò non basta, è fondamentale anche studiare bene i portali immobiliari, chiedere alle agenzie della zona, oltre che andare a vederne un po' per farsi un'idea molto precisa. Solo quando si è certi di conoscere bene il mercato della zona, allora si può pensare a muoversi.

L'idea fissa in testa deve essere: **DEVO COMPRARE AD UN PREZZO INFERIORE DI MERCATO**

L'unico modo per fare un affare è comprare al di sotto del valore della zona, altrimenti che affare è? A prezzo non è un affare. Sembra ovvio ma non lo è; se compri per investimento, se pensi di guadagnarci rivendendo il tuo immobile, questo deve essere il tuo mantra, perché sarebbe assurdo che tu lo comprassi a prezzo. Solo con le spese di acquisto: notaio, tasse, magari agenzia ecc.. difficilmente riuscirai a guadagnarci, è più probabile che andrai sotto. Non dimenticarti che sono finiti i tempi in cui i prezzi degli immobili salivano di mese in mese, oggi non è più così e sicuramente non lo sarà per molto tempo.

L'unica speranza che hai per guadagnarci è comprare al di sotto del valore di mercato!

Vuoi sapere come si compra sottoprezzo? Innanzitutto individuando i giusti venditori, focalizzati solo su venditori realmente motivati, ovvero quelli che hanno un reale interesse a vendere.

Un venditore decide di mettere in vendita il suo immobile per svariati motivi, più o meno importanti, io li dividerei in tre categorie:

1. chi lo fa tanto per provare. Sembra quasi che il suo solo scopo sia mettere in mostra la sua casa, per far vedere quanto è bella, sperando nel "pollo" che se ne innamori. (Di solito resta in vendita anni, e sembra strano, ma non di rado alla fine il pollo arriva veramente...)
2. chi vende per una reale esigenza, che può essere familiare, lavorativa, economica, ecc..
3. chi vende per una reale esigenza e ha un tempo ben definito e relativamente breve in cui realizzarla.

La categoria 1, mollala! Non fa per te, non sarai tu il pollo che cerca, tu devi fare un affare, non farglielo fare a lui!

La categoria 2, l'esigenza c'è ma se il tempo è dalla sua parte, difficilmente svenderà, un giorno forse potrebbe diventare un buon affare, ma non oggi, al momento non è lì il tuo business.

Il tuo affare è nella terza categoria, cioè tra quei venditori che hanno una reale esigenza di vendere e scadenze molto ravvicinate. I motivi possono essere svariati, dai trasferimenti per lavoro a impegni economici imminenti, in ogni caso Il poco tempo a disposizione è sempre un grosso alleato per chi come te è a caccia di affari!

Sia chiaro non voglio ragionare da squalo e prendere per il collo le persone, ma tutte le operazioni vanno viste a 360 gradi, in alcuni casi per un venditore è più conveniente "svendere" piuttosto che perseverare con un tentativo di vendita che potrebbe portarlo a conseguenze economiche ben peggiori.

Una volta capito chi possono essere i nostri venditori, concentriamoci sulla casa! Una cosa fondamentale da considerare è che la casa va vista con occhi commerciali non con occhi da massaia. A te non deve fregare nulla se il piano cottura è comodo per preparare la parmigiana, a te deve interessare solo se ha margini di guadagno; non devi innamorarti della casa, devi innamorarti della prospettiva di guadagno che può offrirti, se non ha margini, anche se è una bella casa, non fa per te, non è quello che cerchi. In ogni passaggio l'obbiettivo deve essere sempre ben chiaro nella tua testa!

Sul mercato ci sono migliaia di case, e ne escono sempre di nuove ogni giorno; di potenziali affari i portali immobiliari sono strapieni, non impuntarti a tutti i costi su una a dispetto di tutto.

Spesso capita che i clienti mi chiedano pareri su un investimento, che però hanno già deciso di fare e neanche scoraggiandoli con conti alla mano sulla poca bontà dell'operazione, ci rinunciano. Risultato? Tempo qualche mese me li ritrovo in ufficio piangenti, perché non riescono a rientrare del loro investimento. Guadagno? Neanche a parlarne! Purtroppo, se non ci sono margini di surplus, non va comprata, anche se ti piace.

PER UN INVESTITORE

LA CASA BELLA è QUELLA CHE HA MARGINI DI GUADAGNO,

NON QUELLA CHE HA UN BEL TERRAZZO.

Altro aspetto fondamentale per fare un buon affare è saper trattare. Il grande imprenditore che entra in casa, per subissarla di critiche e che offrendo due soldi pensa di mettere alla porta il proprietario in quattro e quattro otto, non piace a nessuno. Io penso che alla base ci voglia sempre educazione, umiltà e rispetto.

A volte mi sono saltate vendite per colpa di acquirenti che vogliono trattare direttamente senza averne nessuna competenza. Si presentano con atteggiamenti sbagliati tra arroganza e presunzione, fanno battute idiote, sparano a zero sulla casa, convinti di ottenerne un vantaggio. Se al venditore starai antipatico difficilmente ti cederà casa sua ad un prezzo favorevole. Se, viceversa, già tra di voi c'è feeling, rispetto e magari anche un briciolo di simpatia, bè allora sei già sulla buona strada!

Oltre a questo, che è la base, ecco qualche dritta per trattare al meglio e portar a casa il risultato:

1. non esporti mai per primo, lascia che sia lui a farlo;
2. lascia intendere che stai valutando anche un'altra alternativa, mai far vedere di non avere un'altra scelta;
3. non essere troppo drastico nelle affermazioni, resta sempre in mezzo, un po' metti un po' togli, mai troppo categorico su una scelta, potresti essere costretto a cambiare strategia nel corso della trattativa...
4. studia bene il piano dei pagamenti. A volte con un buon piano di pagamento legato a tempi favorevoli al venditore, puoi risolvergli molti problemi, con il vantaggio di renderlo certamente più ben disposto a venire incontro a te.
5. Ricorda se vuoi ottenere, qualcosa devi dare, le trattative a senso unico sono difficili da chiudere. Cerca di portare a casa i tuoi obiettivi e concedi al tuo venditore qualcosa di suo interesse.

Raccomandazione finale: se pensi di non essere in grado di trattare al meglio, bè allora rivolgiti al tuo Agente Immobiliare di fiducia, sicuramente ti farà risparmiare bei soldini...

CAPITOLO 4

DOCUMENTAZIONE NECESSARIA

Una volta trovato un buon affare da acquistare è importante richiedere tutta la documentazione necessaria, in modo da evitare brutte sorprese. Documenti che a tua volta dovrai fornire nel momento della rivendita. Ecco cosa è necessario avere:

- Titolo di proprietà;
- Documentazione edilizia;
- Certificato energetico;
- Ultimo verbale di assemblea condominiale con relativo consultivo delle spese;

Vediamo nel dettaglio cosa sono:

Titolo di proprietà.

È il documento che attesta la proprietà. A secondo del soggetto che vende può essere:

- ROGITO NOTARILE
- ATTO DI ASSEGNAZIONE, se acquistato da una società
- DECRETO DI TRASFERIMENTO, se emesso dal tribunale
- ATTO DI SUCCESSIONE, se il bene arriva da un'eredità
- ATTO DI DONAZIONE.

Presta attenzione se il bene arriva da una donazione: la donazione è un atto annullabile entro i 20 anni, nel caso un erede legittimo rivendicasse il bene, per questo spesso le banche non concedono il mutuo agli acquirenti che vogliono acquistare beni con questa provenienza. Gli anni si riducono a 10 se il donante è deceduto. Come sempre poi c'è il modo di risolvere anche questa problematica, esistono infatti assicurazioni ad hoc che tutelano questi tipi di acquisti lasciando tranquille sia le banche sia gli acquirenti, ma è bene quindi informare subito il venditore che dovrà sborsare una cifra che mediamente va dagli 800 ai 1.000 euro per stipulare questa polizza.

Documentazione edilizia.

Se l'immobile è stato costruito dopo il 1967 occorre avere il certificato di agibilità/abitabilità e la concessione edilizia; sono documenti che solitamente dovrebbe avere l'amministratore dello stabile, ma non sempre è così, in tal caso occorre sentire il Comune. È importante almeno recuperarne gli estremi di registrazione. L'ideale sarebbe fare un accesso agli atti, in cui è possibile verificare tutto ciò che riguarda l'immobile, risalire attraverso gli atti registrati a tutta la sua storia, da quando è stato costruito fino a verificare tutte le modifiche che ha subito nel corso degli anni.

Allegato all'atto di acquisto dovrebbe esserci la scheda catastale, ovvero la piantina dell'immobile. Lì è rappresentata graficamente la casa e deve essere esattamente conforme allo stato di fatto. Se nel corso degli anni sono stati eseguiti lavori che hanno modificato gli spazi interni, occorre fornire tutti i vari permessi presentati in Comune. Quindi, se ti rendi conto che la scheda catastale non è conforme allo stato di fatto attuale, richiedi le autorizzazioni, se non fossero state presentate, la situazione va sanata prima del rogito notarile. Anche un perito di una qualsiasi banca ti bloccherebbe il mutuo in caso di difformità. L'immobile va regolarizzato con una pratica urbanistica e successivamente va presentata la nuova scheda catastale.

È consigliabile comunque richiedere la scheda catastale rasterizzata, ovvero la stessa scheda che contenga il timbro del catasto con la data di stampa è una richiesta che fanno anche le banche, la data deve essere ovviamente molto recente, massimo 30 giorni.

Solo per Milano, a partire dal 27/11/2020 sarà obbligatorio anche che lo stabile abbia il C.I.S. ovvero il Certificato Idoneità Statica. In pratica questo documento è una relazione redatta da un tecnico abilitato in cui viene esposto lo stato di sicurezza dell'edificio, tutti i fabbricati entro i 50 anni dalla data di collaudo o ultimazione dovranno essere certificati.

Il provvedimento è già stato prorogato di un anno, doveva entrare in vigore l'anno scorso, nel corso degli anni sarà esteso a tutti gli stabili, molti condomini si stanno attrezzando per ottenerlo, in assenza di questo non si potrà rogitare, quindi è bene iniziare a preoccuparsene.

Certificato Energetico.

Chiamato A.P.E., Attestato di Prestazione Energetica è un certificato che attesta le prestazioni energetiche dell'immobile, in base alle caratteristiche specifiche che ha. Molti si confondono con la certificazione degli impianti, ma non c'entra nulla. Non deve essere a norma o meno, semplicemente in base a dei coefficienti viene attribuita una classe energetica da A+ a G, in cui A+ è la migliore e G la peggiore, ovvero, semplificando, G è quella che consuma di più.

Nell'attribuzione della classe concorrono molti fattori, tra cui il tipo di costruzione dell'immobile, che tipo di serramenti ha, come è il riscaldamento, la verifica del consumo della caldaia, cosa c'è intorno al tuo l'immobile, ecc...
È obbligatorio averlo e va allegato all'atto nel momento della stipula.

Domande frequenti.

Quello che mi chiedono spesso i clienti è: "ma gli impianti devono essere per forza a norma e certificati per poter vendere o acquistare?" **Risposta:** NO! È obbligatorio dichiararne lo stato, e dichiarare che lo siano stati al momento della loro realizzazione. Occorrerebbe fornire la certificazione se uno ne fosse in possesso, ma per impianti molto vecchi è impossibile averla. Non è obbligatorio che siano tutt'ora a norma, si può vendere anche un immobile senza impianti; un immobile da ristrutturare completamente, ad esempio, sicuramente non avrà impianti a norma. Si vende nello "stato di fatto e di diritto in cui si trova", dichiarandone lo stato. Chiaramente incide sul prezzo: a parità di condizioni, se la casa è da ristrutturare e non ha gli impianti a norma, il suo valore sarà certamente più basso rispetto a una ristrutturata con gli impianti certificati.

Consuntivo spese condominiali.

È importante prima di decidere se acquistare, verificare anche la situazione condominiale. Dai verbali di assemblea condominiale si ricavano molte informazioni utili per capire se si sta acquistando in un buon palazzo.

É chiaro che le spese condominiali incidano sul tuo investimento, in primis perché dovrai pagarle finchè terrai l'immobile, ma anche perché un immobile con spese condominiali troppo alte è più difficile da rivendere. Occorre verificare inoltre se ci sono spese straordinarie deliberate o da deliberare a breve e verificare che non ci siano condomini morosi che incidano negativamente sulle spese.

Il condominio è una voce molto importante nei costi legati ad un immobile, sia che si tratti di un acquisto per abitarci, sia nel caso di trading, quindi la situazione va ben analizzata a monte.

Un ultimo controllo opportuno è quello di eseguire una visura ipotecaria sul bene, per verificare che non ci siano pignoramenti o altre pendenze in modo da procedere più serenamente nella trattativa.

CAPITOLO 5

NON DIMENTICARTI DEL SOCIO INVISIBILE

Quando ti trovi in procinto di valutare un buon affare, non dimenticarti che hai un socio! É un socio invisibile, non parla, non si intromette mai nelle decisioni, ma nel momento giusto si fa sentire e come! Avrai capito di chi sto parlando, si tratta dello Stato, che alla fine pretende sempre la sua parte!

Acquistando un immobile, come saprai, oltre al prezzo della casa ci sono anche altre spese. C'è il notaio che farà l'atto e in caso di mutuo, oltre alle spese bancarie, pure l'atto di mutuo. Poi sono dovute anche le imposte, che sono maggiori rispetto ad un acquisto "Prima Casa", dovute in alcuni casi anche nel momento della rivendita. Nel valutare tutti i costi dell'operazione, devi tener ben presente questo aspetto, è una voce determinante.

Acquistando una "Prima Casa", ovvero l'abitazione principale, come tassazione abbiamo:

- Imposta di registro del 2% con un minimo di € 1.000, calcolata sulla rendita catastale moltiplicata per 115,5;
- € 100 di imposte fisse (acquistando da privato);
- 0,25 % sul mutuo erogato, se richiesto (imposta sostitutiva).

Se decidi di fare un investimento è probabile che già disponi di una "prima casa", quindi il tuo "affare" diventerà necessariamente una seconda abitazione.

La tassazione per una Seconda Casa è del 9% anziché del 2% e la rendita catastale va moltiplicata per 126. Se richiedi un mutuo, l'imposta sull'erogato è del 2%. Come puoi notare cambia di parecchio.

Riassumendo:

	ACQUISTO PRIMA CASA	ACQUISTO SECONDA CASA
IMPOSTA DI REGISTRO	Rend.cat. x 11,5 x 2%	Rend.cat. X 126 x 9%

IMPOSTE FISSE	€ 100 (acquisto da privato)	€ 100 (acquisto da privato)
IMPOSTA SOSTITUTIVA	0,25% su mutuo erogato	2% su mutuo erogato

Non solo, devi anche tener conto che se rivendi entro i 5 anni una Seconda Casa, pagherai la plus-valenza che è stata da quest'anno alzata al 26% sull'incremento di valore del bene. Ovvero, ti verrà tassato del 26% la differenza tra il prezzo di vendita e quello di acquisto, al netto di tutti i costi sostenuti, compresi eventuali lavori di ristrutturazione. Quindi, prima di sognare di contare bigliettoni derivanti dal tuo investimento, tieni ben presente tutti questi costi.

Se invece una prima casa ancora non ce l'hai e se non hai nessuno che ti pressa per acquistarla nell'immediato, allora può convenire, prima di prenderne una "definitiva", fare un'operazione immobiliare intermedia, che ti permetterà poi di acquistarla con maggiore disponibilità di capitale.

I vincoli che si hanno per usufruire delle agevolazioni "prima casa", sono, oltre che non avere altri immobili acquistati in questo modo, quelli di portarci la residenza e di tenere la proprietà per almeno 5 anni, a meno che, in caso di vendita prima del termine, se ne acquisti un'altra entro un anno da adibire a residenza principale.

In questo caso non solo non avresti plus-valenza, ma rivendendo e riacquistando generi un credito d'imposta, ovvero ti verrà scalato dall'imposta di registro del tuo nuovo acquisto, quello già pagato per il precedente.

Quindi come vedi, un passaggio intermedio con un buon affare sfruttando le agevolazioni, potrebbe portarti buoni margini di guadagno e tornarti estremamente utile quando poi dovrai acquistare la tua abitazione principale.

CAPITOLO 6

IMMOBILI FRAZIONABILI

Un metodo per fare un buon affare potrebbe essere quello di acquistare grandi appartamenti che si prestino ad essere frazionati in due unità.

Al giorno d'oggi le belle famiglie numerose di una volta sono sempre più rare, questi grandi appartamenti non sempre sono facili da vendere, oltretutto il prezzo al metroquadro è minore su tagli grossi rispetto al taglio piccolo, quindi perché non approfittare di queste situazioni?

In molti casi il doppio ingresso lo si ricava semplicemente con una bussola e con pochi lavori sono divisibili, in altri ne occorrono un po' di più, vanno comunque sempre divisi gli impianti, ma sono operazioni che se pianificate bene possono dare un buon margine di guadagno.

Per pianificate bene intendo, come prima cosa, valutati con un tecnico per essere certi che le modifiche che pensiamo di fare rispettino le regole comunali e catastali. Un architetto può darvi l'idea giusta per sfruttare al meglio le caratteristiche del bene. Ovviamente, subito dopo viene il piano economico per capire se la nostra operazione ha i margini di guadagno che auspichiamo. Va tenuto conto che oltre i costi di acquisizione e ristrutturazione, c'è la pratica di frazionamento da fare in Comune e la presentazione delle nuove schede catastali. Un'attenta analisi va fatta quindi sul prezzo di rivendibilità del bene, perché è probabile che essendo un appartamento ricavato, che non nasce in quel modo, non è detto che sia perfetto come distribuzione degli spazi, quindi la valutazione deve tenere ben conto delle eventuali criticità.

Ci sono molti investitori indirizzati su questo tipo di operazione che sono sempre a caccia di soluzioni del genere, sono strutturati per queste operazioni: tecnico per le pratiche, impresa di ristrutturazione, materiali per le finiture prese in stock. Acquistano, frazionano, ristrutturano, rivendono e rinvestono su un altro appartamento.

CAPITOLO 7

COMPRARE ALL'ASTA

Una concreta opportunità di investimento è rappresentata dalle Aste Immobiliari. Negli ultimi anni, complice la crisi appena vissuta, gli immobili presenti sono aumentati in maniera esponenziale ed effettivamente ci sono ottime possibilità di business.

Molti sono convinti che le aste giudiziarie siano una cricca per pochi, che siano sempre pilotate da chissà quali poteri occulti e non accessibili a semplici investitori privati, ma in realtà non è così.

Ci sono tantissimi immobili sul mercato, molti hanno una base d'asta inferiore alle valutazioni correnti e per di più parecchie vanno deserte. L'acquisto in asta è mutuabile come un acquisto classico, la vendita viene gestita dal tribunale, che delega delle figure per la gestione di tutte le procedure formali, quindi in realtà, si hanno maggiori garanzie che sia tutto in ordine.

Per cercare un immobile all'asta è sufficiente digitare su internet: "immobili all'asta, tribunale di ….", e troviamo immediatamente diversi portali immobiliari che li riportano.

Su questi portali, puoi selezionare la zona di tuo interesse e visualizzare gli immobili presenti. Per ogni casa ci sono tutte le informazioni relative a chi si occupa della vendita, alla data e luogo dell'asta, come visionarlo, alla perizia dell'immobile. Dalla perizia puoi conoscere tutte le caratteristiche del bene, dalla metratura alle finiture interne. In essa trovi anche il valore commerciale stabilito dal perito, ma di questo dato non mi fiderei troppo. Molto spesso si tratta di perizie fatte qualche anno prima, che in un mercato come quello degli ultimi anni, in continua discesa, non le ritengo a oggi pienamente affidabili.

Meglio informarsi sul reale valore con i parametri dell'Agenzia delle Entrate o chiedendo ad un'agenzia immobiliare di fiducia.

Sempre sul portale degli annunci, si può inoltrare domanda per visionarlo e se poi si decide di presentarsi all'Asta, ci sono tutte le informazioni per preparare la domanda.

Le aste possono essere SENZA INCANTO o CON INCANTO. Ad oggi i tribunali italiani si avvalgono solo dell'esperimento senza incanto, le offerte vengono presentate in busta chiusa e il giorno dell'Asta, se si è l'unico offerente ce la si aggiudica, in caso di più offerte, parte automaticamente l'incanto, cioè la possibilità di rilanciare, senza contemplare una nuova data come si faceva non molto tempo fa.

Oggi si può partecipare anche in via telematica, senza essere fisicamente presente durante la gara ma rilanciando on line.

In ogni caso, l'aggiudicazione è temporanea per 10 giorni dall'incanto e solo successivamente diventa definitiva. In questo tempo chiunque potrebbe presentare un'offerta di acquisto, che dovrà però superare di 1/5 il prezzo raggiunto in asta.

Dal momento dell'assegnazione definitiva si hanno massimo 60 giorni di tempo per concludere l'operazione saldando il prezzo concordato, oltre che le spese del tribunale, che sono comunque inferiori a un rogito classico. Ci sono inoltre da saldare anche gli ultimi due esercizi condominiali, se presenti e non regolarmente pagate dall'esecutato.

Per il saldo prezzo si può procedere o con propri capitali o chiedendo un mutuo bancario come abbiamo già detto; una volta saldato il tutto, il Giudice rilascia il DECRETO DI TRASFERIMENTO che ne certifica il passaggio di proprietà, è l'equivalente del rogito notarile di una normale compravendita.

Rischi delle aste.

A cosa bisogna stare attenti nelle aste? Fondamentalmente i rischi sono due:

1. Pagare una casa troppo
2. Che sia occupata senza titolo

Pagare una casa troppo.

I tribunali sono pieni di case all'asta, ce ne sono a centinaia in ogni zona, gli affari sono veramente molti, ma spesso succede che, se non si è esperti, si rischia di pagare un immobile eccessivamente e che dopo non si riesca a rivenderlo. A volte il prezzo sembra basso e ci si fa ingolosire, ma bisogna tener ben presente le spese che andranno aggiunte, oltre a eventuali lavori di ristrutturazione, per poter rivendere al meglio. Mai dimenticare che l'investimento viene fatto per guadagnare, non per coprire le spese o addirittura perderci. La differenza tra il costo totale di acquisto compreso di: oneri, tasse, spese condominiali, lavori di ristrutturazione e il prezzo di rivendita deve generare un utile, ci deve essere una percentuale di guadagno adeguata e soddisfacente, altrimenti a che serve comprare? Quindi è opportuno presentarsi in asta con già chiaro il limite massimo che si intende raggiungere, mai andare oltre.

Non bisogna per forza aggiudicarsi QUELL'ASTA, è possibile partecipare a più aste, fin che non si trova l'occasione giusta. Mai avere fretta di comprare e se te lo dico io che vendo case da oltre 20 anni, ci puoi credere... Si dice che la pazienza sia la virtù dei forti, se non sei milionario, un errore ti può essere fatale.

Casa occupata.

A volte le case sono occupate senza titolo. Anche quando il Giudice emette il Decreto di Trasferimento, che è un titolo esecutivo, se la casa è occupata, bisogna provvedere allo sfratto con i poteri offerti dal tribunale, con i relativi costi e tempi da valutare.

Ultimo consiglio.

Ci sono aste che vanno deserte e aste che sono arrivate a cifre bassissime in cui si presentano anche 100 persone. Ovvio che quelle deserte molto spesso hanno dei prezzi di partenza troppo alti, devono fare il proprio corso per diventare interessanti, ma in molti casi si aspetta che scendano ad un prezzo eccessivamente basso, con il forte rischio che poi diventi una giungla. All'asta per un immobile che parte da una cifra molto bassa si presentano in tantissimi e alla fine il prezzo molto spesso risale più della precedente asta andata deserta. Questo per dire che è fondamentale partecipare al momento giusto, quando il bene ti garantisce un guadagno, ma il prezzo non è eccessivamente basso da attirare tutti gli squali. Anche partecipare in prossimità di periodi di festività o vacanze riduce il numero di partecipanti, sembra un dettaglio, ma nulla va lasciato al caso.

In generale ritengo che oggi sia molto inflazionato il mondo delle aste, ci vanno tantissime tipologie di acquirenti: molti investitori a caccia di affari, ma anche chi acquista per farci la propria abitazione principale. È chiaro che chi acquista per abitarci e non ha necessità di speculare eccessivamente, si accontenti di pagarla anche solo un 10% in meno del reale valore di mercato, quindi risulta essere un concorrente molto più forte.

Sono sincero, oggi non è facile fare un buon affare in asta, è diventata troppo di "moda", bisogna partecipare a tante aste con pazienza e lucidità per ottenere dei risultati. Secondo me, è meglio puntare su zone strategiche, dove ci sia margine, ma non troppo quotate. È dura fare un affare all'asta in Darsena, non sei il solo a ritenerla una zona top, meglio puntare su zone dove non si accalcano tutti, ma che comunque ci sia un discreto margine. I soldi sono soldi sia fatti in Darsena sia a Cilavegna.

CAPITOLO 8

SALDO STRALCIO/NPL

Come abbiamo visto nel capitolo precedente, il rischio maggiore delle Aste è legato a due fattori importanti: l'aumento eccessivo del prezzo in fase di asta e/o il ritrovarsi l'immobile occupato una volta acquistato. Esiste un metodo, molto utilizzato, soprattutto dagli operatori di mercato per evitare tutto questo, ovvero accordarsi con l'attuale proprietario, l'esecutato, e trattare direttamente con i suoi creditori il suo debito. Il procedimento dell'Asta si blocca immediatamente se si trova un accordo per chiudere il debito. Questo tipo di acquisizione si chiama vendita a saldo stralcio o meglio stragiudiziale, ecco come funziona.

Una volta individuata la casa all'Asta che interessa, si contatta l'esecutato e si analizza la sua situazione debitoria. È chiaro che ci si concentrerà su situazioni in cui il debito sia rappresentato dal mutuo e al massimo dal condominio. Ad esempio, se inizia ad esserci Equitalia, non è possibile trattare uno sconto, così come diventa difficile in caso di troppi altri creditori mettere tutti d'accordo. Prendiamo il caso più semplice: il debito è rappresentato dal mutuo e dal condominio, non regolarmente pagati.

A questo punto se decidiamo di agire, ci facciamo delegare dall'esecutato per trattare con i suoi creditori. Sia la banca che il condominio sono ben favorevoli a recuperare in fretta la loro esposizione.

É evidente quale sia il nostro vantaggio di acquistare un immobile libero ed a un prezzo ben al di sotto del valore di mercato, come è evidente il vantaggio dei creditori di chiudere subito il procedimento, senza ulteriori perdite di tempo e denaro, ma l'esecutato che vantaggio avrebbe da tutto questo?

Il vantaggio per l'esecutato è che chiudendo in questo modo, con il saldo concordato viene stralciato tutto per intero il suo debito, quindi rimarrebbe sì senza casa, ma pulito dai debiti.

Nel caso di vendita in asta, se il ricavato è inferiore al debito, la parte mancante resta comunque imputata all'esecutato che difficilmente riuscirebbe a liberarsene nel corso della sua vita. Viceversa, con un accordo stragiudiziale con i creditori, il debito viene stralciato, lasciandolo pulito, con la possibilità futura di ripartire. Avendo quindi un accordo diretto con lui, verrà concordato in maniera inequivocabile che l'immobile dovrà essere lasciato libero.

In questo tipo di acquisto l'atto notarile viene stipulato da un notaio presso il Tribunale in quanto prima di concludere l'atto è necessario che un giudice chiuda il provvedimento relativo al pignoramento del bene in oggetto. Questo per essere certi di acquistare un bene libero da trascrizioni pregiudizievoli e che altri creditori non possano inserirsi nel pignoramento a rogito avvenuto.

Un'altra possibilità, magari un po' più elaborata e forse più adatta a investitori con capacità di intervento maggiore, è quella data dai cosiddetti NPL (Non performing loans).
Visto che ormai questa sigla campeggia un po' ovunque nelle riviste finanziarie, immobiliari e testate giornalistiche, mi sembra giusto darne un accenno. Con questa sigla vengono definiti i crediti deteriorati che vengono spesso gestiti dai titolari (Banche) trasformandoli da problema a opportunità.
Cercherò di spiegarlo in maniera semplice, immaginate che una banca vanti un credito di euro 100.000 non correttamente rimborsato, per usare un eufemismo, dunque un NPL. Questa banca per poter rientrare del suo credito dovrà svolgere svariate azioni con tribunali, giudici, periti... Azioni che portano a costi e a tempi molto lunghi, senza nessuna certezza di poter poi effettivamente recuperare il proprio credito per intero. Quindi, per evitare tutto ciò, che fa questa banca? Vende il Credito a un prezzo inferiore, recupera parte dei suoi soldi e si toglie fuori da tutto questo.
Consideriamo che il Credito di € 100.000, venga venduto a € 60.000.
Tutto ciò dà la possibilità per chi acquista questo Credito di creare un'opportunità di Business, in quanto vanterà un Credito di € 100.000 a fronte di un investimento di soli € 60.000.
Nella realtà le società specializzate in questa attività comprano pacchetti di credito più ampi, in cui vi sono cose molto buone e cose meno buone,

nella quantità di Crediti che acquistano riescono ad ottenere prezzi molto favorevoli.

Sono tipi di investimenti fatti principalmente da società apposite, ma in realtà potrebbe essere fatto da chiunque, in base alle proprie potenzialità di acquisizione.

Ovviamente si tratta di una procedura molto burocratica anche e soprattutto perché supervisionata dalla Banca d'Italia, ma è una possibilità di investimento correlata all'immobiliare.

Mentre quindi, in un saldo stralcio, parto dall'immobile, per poi andare a transare il debito, in questo caso l'operazione parte con la gestione del credito in possesso della Banca, per poi arrivare all'immobile.

Entrambe queste due opportunità vanno però gestite con l'aiuto di un professionista, se non siete esperti del settore.

CAPITOLO 9

IL RENT – TO – BUY

Come spesso si dice, da tutte le crisi nascono anche nuove opportunità, e infatti anche nella crisi del settore immobiliare si sono sviluppate nuove opportunità, ovvero nuove forme contrattuali di acquisto.

Una di queste è il così detto RENT TO BUY, ovvero affitto per comprare. Si entra subito in possesso dell'immobile pagando un affitto, con un impegno all'acquisto futuro.

Questa forma contrattuale può essere utile per chi ha appena iniziato a lavorare e/o non dispone di un capitale iniziale per acquistare casa; inizierà quindi a pagare un affitto mensile che abbatterà una parte del costo dell'immobile, con la possibilità al rogito di richiedere un mutuo inferiore.

Potrebbe però anche essere sfruttato per un investimento più estremo, da un investitore che non dispone di un vero capitale da utilizzare. Ecco come:

Di solito il rent-to-buy viene fatto o sulle nuove costruzioni o su quegli immobili che si fatica a vendere, perché chiaramente se si vendesse subito col rogito in un mese, sarebbe per un venditore altamente preferibile e quindi non accetterebbe mai questa formula.

Escluderei le nuove costruzioni, troppo care, difficile creare margini di guadagno, ma su un privato, disposto ad aspettare, ci si può lavorare.

Ecco come procedere, come prima cosa occorre strappare un prezzo molto conveniente, per il tempo più lungo possibile, se necessaria dò una sistemata e lo affitto a un terzo soggetto che mi abbatterà parte dell'acquisto, ecco un esempio:

costo iniziale immobile: € 120.000 con proposta di affitto a € 600 al mese per 2 anni, poi rogito.

Se riesco a trattare sul prezzo e sulla durata, ad esempio così:

€ 105.000, caparra € 5.000, affitto a € 600 al mese per 3 anni, saldo al rogito di € 78.400.

Sul contratto faccio inserire la possibilità di subaffittare e cedere l'immobile. A questo punto, trovo un inquilino affidabile che paga un affitto di € 600 più spese condominiali e sei mesi prima del rogito metto in vendita l'immobile.

Se a € 105.000 ho comprato bene è probabile che rivenda a un prezzo maggiore, ma anche tenendo conto che rivenda al prezzo di acquisto, ovvero € 105.000, saldando il proprietario dei sui € 78.400, mi restano in mano € 26.600, non male visto che 3 anni prima ne avevo solo € 5.000. Vuol dire che ho quintuplicato in 3 anni il mio capitale investito, che ne dite?

Sarebbe un ottimo investimento da fare, per chi non dispone di grandi mezzi con cui partire, è un investimento low cost che può essere un inizio, più si strapperanno condizioni vantaggiose più sarà il margine di guadagno.

CAPITOLO 10

VENDITA CON RISERVA DI PROPRIETA'

Un altro metodo per acquistare, simile al rent-to-buy è la vendita con riserva di proprietà. Con questo metodo è possibile acquistare il bene subito, senza pagare l'intero importo, ma pagando il restante in più tempo. In pratica viene fatto un atto di vendita dal notaio, ma il proprietario si riserva il diritto di recuperare immediatamente la proprietà nel caso che non venga saldato l'intero importo pattuito.

Questa formula è conosciuta anche come patto di riservato dominio.

Facciamo un esempio: prezzo immobile € 120.000.

Faccio l'atto con riserva di proprietà e verso € 60.000

I restanti € 60.000 li pagherò in 60 mesi a € 1.000 al mese, solitamente questa parte viene regolata con cambiali. Una volta finite le cambiali, viene fatta un'integrazione del rogito in cui avviene l'effettivo passaggio di proprietà.

Ovviamente le caratteristiche e quindi i vantaggi sono simili al rent-to-buy, la differenza può essere che, regolando tutto già con un atto notarile e mettendo già in mano delle cambiali, probabilmente il proprietario si potrebbe sentire più tutelato e quindi ottenere una dilazione maggiore.

CAPITOLO 11

SHORT TRADING

Un altro metodo molto usato per generare utili in maniera veloce è quello dello SHORT TRADING, ovvero della cessione del Preliminare di Compravendita. Per poter sfruttare questo metodo è importante che l'immobile si presti a questo, ovvero che abbia determinate caratteristiche.

Fermo restando che deve essere preso ad un prezzo di mercato inferiore, discorso sempre valido per poter generare un utile, occorre che nel Preliminare vengano inserite queste condizioni:

- Le chiavi devono essere consegnate al Preliminare, in cui quindi se ne acquisisce la disponibilità del bene;
- Venga inserita la possibilità di cessione dello stesso;
- Accordo con i proprietari per sottoscrivere eventuali richieste per pratiche catastali;
- Rogito ad almeno 6 mesi.

Come immobile io ne sceglierei uno che sia, con un minimo investimento, migliorabile o magari immobili che siano frazionabili in due unità.

Ecco un esempio per far capire come funziona:

prezzo immobile **€ 80.000**

Faccio il Preliminare e consegno una caparra di **€ 10.000** ritirando le chiavi del bene.

La registrazione del Preliminare è solitamente a carico dell'acquirente e i costi sono:

- € 200 di imposte fisse
- Marche da bollo 16 € x ogni copia di 100 righe, minimo ne occorrono due copie;
- 0,5 % di imposta di registro sulle somme versate, in questo caso quindi € 50.

Quindi per un totale di **€ 282**.

A quel punto cerco di migliorarlo un po': lavori di ristrutturazioni e/o manutenzioni varie, per sfruttare al meglio tutte le caratteristiche. Consideriamo che spenda € 10.000, se devo modificare muri, ovviamente dovrò anche fare le relative pratiche comunali e catastali con ulteriori costi, in base a cosa necessita l'immobile.

Una volta ultimati i lavori, lo ripropongo in vendita in perfette condizioni ad un prezzo di € 130.000.

Rivendendolo a € 120.000, ecco in che situazione mi ritrovo:

- Saldo per il proprietario: € 80.000
- € 20.000 recupero i miei investimenti (€ 10.000 caparra e € 10.000 ristrutturazione);
- € 20.000 utile che mi resta.

Come possiamo vedere con questo esempio, l'utile che realizzo è pari al 100% del mio capitale investito, che nonostante sia soggetto a tassazioni è comunque un ottimo investimento.

Sono stato appositamente basso come incremento, chi fa short trading punta a margini maggiori; solitamente bisogna puntare ad acquistare immobili che abbiamo un valore di mercato maggiore del **30%** rispetto al prezzo di acquisizione, così sì che si riesce a portare a termine una operazione soddisfacente.

I vantaggi di queste operazioni sono:

- posso farlo senza investire grossi capitali;
- non devo richiedere mutui;
- non acquisto l'immobile, quindi non ho le tasse relative all'acquisto;

I rischi sono:

- non riuscire a rivendere nei tempi concordati, quindi doverlo rogitare;
- scegliere un immobile sbagliato che non consenta di generare un incremento di valore;

- ristrutturare senza avere una affidabile impresa specializzata, potrebbe causare problemi di tempistica e di maggior costi. È necessario affidarsi a professionisti seri.

CAPITOLO 12

CON CHE SOLDI COMPRO?

Dopo aver analizzato il prodotto e il metodo di acquisizione, cosa essenziale è ovviamente reperire il capitale per l'operazione. Meglio utilizzare il proprio capitale o farselo finanziare?

Prima di analizzare questo aspetto, vediamo come valutare al meglio un investimento. In un investimento il GUADAGNO è dato dalla differenza tra RICAVO e COSTO al netto di tutte le spese. La percentuale di questa differenza, che è il ritorno dell'investimento, si definisce ROI (return on investment).

Quindi se ricavo **€ 200.000**, a fronte di un investimento di **€ 150.000**, il mio guadagno sarà **€ 50.000**, quindi la mia percentuale di ROI è del **33%** circa.

In base a questo possiamo confrontare le due opzioni con semplici esempi, che sono più utili di mille parole! Mettiamo che io disponga di un capitale iniziale di € 100.000.

Esempio a) investo il mio capitale, senza richiedere finanziamenti.

Compro un immobile che, compreso le spese di acquisto, mi costa € 100.000.

Mettiamo che lo rivenda al 20% in più, quindi € 120.000.

Dei 20.000 di incremento, se fosse una seconda casa, con la plus valenza (26% dell'incremento) me ne rimarrebbero € 14.800.

Quindi avrei investito **€ 100.000** e mi ritroverei con **€ 114.800** in mano, Il mio ROI sarebbe quindi quasi del 15%;

Esempio b) acquisto lo stesso immobile, ma mi faccio finanziare l'80% dalla banca.

Accedendo a un mutuo, i costi di acquisto salirebbero un po', e quindi il costo totale sarebbe di € 105.000.

La banca ci finanzia € 80.000, quindi ne investiamo di nostro capitale € 25.000.

Rivendendo come prima a € 120.000, tolte le spese, ci restano 15.000, che tolta la plus valenza diventeranno € 11.100.

Conclusione: ho investito **€ 25.000**, e mi ritrovo con in mano **€ 36.100**, il mio ROI è quindi quasi del 44%.

Riassumiamo le differenze in questa tabella:

	INVESTITI:	RICAVATI A L NETTO DI TUTTO	GUADAGNO	ROI
ESEMPIO A	€ 100.000	€ 114.800	€ 14.800	15 %
ESEMPIO B	€ 25.000	€ 36.100	€ 11.100	44 %

Quale preferite? Mi sembra evidente quale sia la soluzione migliore. Inoltre, non investendo tutto in un'unica soluzione, darebbe la possibilità di poter fiutare qualche altra buona opportunità. Mai giocarsi tutto in un'unica "puntata". I tassi di oggi sono molto convenienti, perché non sfruttare questa situazione? Tener bloccato tutto il capitale per ricavare un 15% non è un granchè di investimento. L'obbiettivo è investire il minimo e ricavarne il massimo!

CAPITOLO 13

INVESTIMENTI ALL'ESTERO

Sono sempre di più gli italiani che decidono di investire sugli immobili all'estero. I motivi sono principalmente legati a due fattori:

1. in molte nazioni estere le previsioni di crescita sono nettamente superiori a quelle che si intravedono in Italia. Da noi ormai da troppi anni non si vede una reale crescita del paese e questo spinge molti non solo a investire all'estero nel mattone, ma anche ad aprire attività nuove, con la prospettiva di una redditività maggiore.

2. il secondo fattore è legato a tassazioni nella maggior parte dei casi, se non in tutte, molto più convenienti. In alcuni paesi le tasse sono addirittura nulle sugli acquisti immobiliari.

Ma dove conviene investire?

Facile dire Londra, una città che da sempre rappresenta un ottimo investimento, ma lì i prezzi vanno anche a € 20.000 al mq, non sono proprio investimenti low cost; sicuramente conviene comprare in zone universitarie tipo Oxford, Cambridge, dove il mercato degli studenti è molto florido.

Le capitali europee sono sempre molto gettonate, ma non sempre i prezzi sono alla portata di tutti, città come Dublino e Berlino, invece, seppur siano salite, sono ancora molto convenienti. Oltretutto vivono, soprattutto per Berlino, un grosso flusso di giovani creativi che decide di avviare lì start-up, insomma c'è un bel movimento che può essere molto interessante.

Per molti esperti sarebbe da evitare l'Europa, perché così come per l'Italia la crescita è molto lenta, ma attualmente è ancora molto conveniente la Spagna, dove i prezzi hanno subito un vero e proprio crollo. A Madrid e

Barcellona, dal 2008 i prezzi sono scesi rispettivamente del 45% e del 40% e anche nel resto del paese si possono fare affari. Così come in Grecia, dove forse è meglio puntare su qualche isola, piuttosto che Atene. Crescita o no, per gli italiani, l'Europa è sempre la più richiesta, anche perché più semplice da gestire, visto la vicinanza.

L'Europa dell'Est, potrebbe essere una buona meta, perché puntare su paesi emergenti, che hanno una previsione di crescita maggiore, darebbe un incremento più repentino del proprio capitale.

Ma più in generale, i mercati cambiano velocemente, non c'è ovviamente una meta fissa e sicura in cui investire, dipende dal momento economico in cui si trova il paese. Per guadagnare molto bisognerebbe essere sempre attenti agli andamenti del mercato ed essere pronti a vendere in un momento alto da una parte per poi spostarsi in un'altra in sviluppo.

Ma per aver una buona rendita, senza dover diventare esperti economisti, scegliendo mete Europee turistiche si possono sempre fare ottimi affari a buon prezzo.

Con internet è indubbiamente più agevole informarsi e vedere, seppur virtualmente, molti immobili in diversi paesi, quindi oggi è più facile farlo. È evidente che investire all'estero sia un'ottima opportunità per incrementare il proprio guadagno in tempi più brevi, è altrettanto chiaro però che la gestione sia comunque più complicata, vista la distanza, quindi il tempo da dedicarci è per forza di cose maggiore.

É molto importante informarsi prima sulle tassazioni locali e delle tipologie di costruzione, non si costruisce allo stesso modo in tutto il mondo, è essenziale saper bene cosa si compra.

CAPITOLO 14

INVESTIMENTI IN USA

Investire negli Stati Uniti, merita un capito a parte, non solo perché il dollaro è sempre la moneta internazionale di riferimento, ma soprattutto perchè l'economia americana è in continua crescita.

La crisi dei Subprime avvenuta ad in inizio 2006, che ha anticipato poi quella avvenuta anche da noi in Europa e nel mondo, ha generato molte opportunità. Il forte spirito imprenditoriale, il rapido aumento della produttività, l'immigrazione selettiva, hanno fatto sì che, rispetto all'Europa, la ripresa sia stata di molto superiore.

Questo tipo di operazione potrebbe essere aperta a tutti e dare notevoli vantaggi: a chi vuole diversificare gli investimenti, a chi desidera una rendita sicura e una buona rivalutazione nel tempo. Come si può immaginare il territorio di cui parliamo è molto vasto, quindi le realtà sono differenti di stato in stato e di zona in zona, quindi molteplici solo le possibilità: dall'immobile in zone in via di riqualificazione, agli immobili turistici, fino ad arrivare al lusso. Ovviamente, ce né per tutte le tasche, partiamo da zone in via di riqualificazione in cui troviamo prezzi low-cost fino ad arrivare al lusso più sfrenato per ricchi sfondati... La scelta del tipo di investimento da fare, oltre che al portafoglio, è legata anche all'arco temporale che ci si prefigge per realizzare l'utile di tale operazione. Concentriamoci sull'area popolare, quella low-cost, che è il target scelto in questo libro, possono bastare anche 70.000/80.000 $ per acquistare immobili che potrebbero portare a una rendita dal 6% all'11% annua.

La soluzione che propongo è quella di acquistare per mettere a reddito in una zona in via di sviluppo che potrebbe garantire una buona rendita immediata e una futura rivalutazione. Un aspetto importante di affittare un immobile negli USA è indubbiamente quello legato a una tutela maggiore data delle leggi americane, da loro, a differenza di quello che avviene in Italia, non viene tollerato che il canone non possa essere pagato e grazie alle leggi locali in un massimo di 34 giorni è previsto lo sfratto di un inquilino moroso. L'inquilino viene comunque obbligato al pagamento, altrimenti non potrebbe più accedere ad un altro immobile in locazione. In diversi stati i contratti di locazione hanno durata di 1 anno, quindi dopo un anno è possibile modificare le condizioni a seconda dell'andamento del mercato.

Per l'acquisto di un immobile negli USA sarà necessario aprire un conto corrente lì da loro in modo da gestire tutte le operazioni. Esistono conti completamente gratuiti come apertura, chiusura e gestione, basta garantire una giacenza di 3.000 $, si aprono in pochissimo tempo e si potrà ottenere il servizio di e-banking e una debit-card internazionale.

È possibile acquistare come persona fisica o come società, ma è consigliabile farlo come società, sono molto veloci da costituire e semplici come gestione.

Le società più comuni in USA sono:

- Corporation, simili alle spa
- Limited Liability Company, simili alle srl
- Limited Partnership, simili alle società semplice.

Nel nostro caso ovviamente opteremo per una LLC, che può essere costituita anche da un solo individuo e per quanto concerne la tassazione sui redditi generata dagli affitti si potrà portare tutti i costi in detrazione, incluso l'ammortamento dell'unità che è calcolato in 27 anni.

Acquistando come società il costo comprensivo di tasse e costituzione società è di circa 4.000 $, mentre il costo di rinnovo annuale della società è 140 $. La tassa di proprietà annua varia dall'1% al 2% del valore commerciale del bene. Le tasse verrebbero pagate in USA e in Italia si dichiarerebbe la partecipazione alla società e l'utile generato farebbe reddito. Tra USA e Italia c'è un trattato che evita la doppia tassazione, quindi quello corrisposto lì non verrà più tassato da noi. La società presenterà lì la sua dichiarazione dei redditi e il costo del professionista che la redigerà è generalmente è tra 500/800 $. In caso di rivendita dell'immobile la Plusvalenza si paga solo oltre l'incremento di 36.000 $ direttamente in dichiarazione dei redditi e solitamente non supera il 15%. Quindi, come si può vedere, tassazioni molto più favorevoli che in Italia.

Per finanziare il nostro investimento americano è possibile accedere a un mutuo, chiaramente sarebbe più complicato, anche se non impossibile, richiederlo negli USA, molto più semplice chiedere un mutuo per liquidità qui in Italia.

A questo punto vi starete chiedendo, come posso gestire una locazione negli Stati Uniti da qui? Con tutte le problematiche legate a una locazione che ben conosciamo? Esiste una figura chiamata Propety Managemet, sono società che si occupano di tutta la gestione del bene: cercano l'inquilino, pagano le utenze, intervengono per le riparazioni e tutto ciò che serve facendovi arrivare sul vostro conto gli utili dell'investimento. In questo genere di operazioni è essenziale questa figura, il costo varia di caso in caso a secondo del bene.

Direi che per gestire operazioni di questo tipo è consigliabile essere seguiti da professionisti, che conoscono bene il mercato americano, che abbiano partner sul posto che possano seguire tutto al meglio. Tutto potrebbe essere gestito dall'Italia con i giusti consulenti.

Nella tabella qui di seguito riassumiamo tutti i costi di tale operazione:

COSTI INIZIALI	COSTI ANNUALI	COSTI DI RIVENDITA
Costituzione società e atto di acquisto: 4.000 $	Tassa di proprietà: 1%-2%	Plusvalenza 15% dell'incremento oltre $36.000
	Rinnovo società: $ 140	
	Dichiarazione redditi 500/800$	
	Spese condominiali	
	Propety Management	

CAPITOLO 15

INVESTIRE NEL COMMERCIALE

Quando si parla di investimenti non si può non considerare anche gli immobili commerciali, una volta possedere un fondo commerciale garantiva una rendita mensile certa e sicura, così come possedere dei terreni una vera ricchezza, ma oggi è ancora così?

Sempre più spesso vediamo nelle nostre città negozietti chiudere e rimanere sfitti per molto tempo, quando fino agli anni 2000 per subentrare in un negozio in affitto addirittura ti chiedevano le buoneuscite.

Vedo diversi capannoni in posizioni interessanti che comunque restano abbandonati al loro destino, tutto questo mi fa pensare che investire nel commerciale oggi può essere molto pericoloso.

Per carità non dico che in senso assoluto non renda, ma bisogna stare molto attenti a cosa si acquista, i negozi su strada hanno richieste solo nelle vie di forte passaggio. Chiaro che in vie di Milano importanti o zone commerciali, andranno sempre, ma non è così in tutte le altre vie. Se proprio decidessi di acquistare un negozio su strada, allora ne sceglierei uno con canna fumaria, quelli vanno sempre. Vengono aperti in continuazione negozi che somministrano cibo e la canna fumaria è determinante. Starei molto attento al regolamento di condominio per capire a chi potrebbe essere affittato il mio fondo, che tipo di attività sono consentite.

Il mercato è pieno anche di seminterrati vuoti a prezzi molto invitanti, molti potrebbero anche essere C3 o trasformabili in C3, ovvero essere laboratori con permanenza di persone 24h, quindi potenzialmente essere abitati, anche se senza esserne residenti. Sinceramente, li prenderei in considerazione solo in zone top, non certo in periferia.

Per quanto riguarda i capannoni, anche lì una volta erano un bel business, ma oggi, come vi dicevo, ne vedo troppi sfitti non mi fiderei e non prenderei in considerazione terreni agricoli, troppi rischi.

In generale non acquisterei immobili commerciali da mettere a reddito, poi chiaro che dipende in primis dal prezzo. Certo, se fosse un affare assoluto, ma il problema è che gli unici che hanno richiesta sono nelle vie commerciali importanti, o comunque dove c'è forte passaggio e in quelle poche vie i prezzi non sono mai economici.

Potrebbe essere interessante, invece, acquistare immobili commerciali da trasformare in abitazione, essendo spazi con bassissime richieste si riesce ad ottenere un buon prezzo. Bisogna valutare bene, sicuramente con l'aiuto di un tecnico, se effettivamente sono trasformabili, se hanno tutte le caratteristiche necessarie: rapporti aeroilluminanti, metrature adeguate per i locali, regolamento condominiale non ostativo ecc...

È chiaro che trasformando un immobile che nasce come negozio in abitazione, nella maggior parte delle volte viene fuori una casa un po' arrangiata, con qualche inevitabile difetto, quindi va considerato attentamente nel piano economico il reale valore di rivendibilità; Se ci sono i numeri: costi di acquisizione, costi di trasformazione e ristrutturazione, prezzo di rivendita, allora potrebbe essere un buon affare.

Se invece si intende trasformarlo in abitazione allo scopo di metterlo a reddito, bè nelle grandi città la richiesta di locazioni è sempre alta, per molti sono situazioni di passaggio, si potrebbe locare anche come affitti brevi ad uso turistico, quindi direi che anche se non è una casa perfetta, ameno che non sia un tugurio senza senso, può avere una sua buona rendita.

CAPITOLO 16

RIVENDI IL TUO IMMOBILE

Una volta fatto un buon affare, le possibilità per trasformarlo in un buon investimento sono due: rivendere l'immobile o affittarlo. In questo capitolo, vedremo come venderlo al meglio.

Ecco le soluzioni possibili: rivolgerti ad una agenzia immobiliare, se sei di Milano, contattami tranquillamente, per i riferimenti visita il nostro sito: **www.spaziourbanoimmobiliare.it**; oppure fare tutto da solo, utilizzando i portali immobiliari.

Se decidi di fare tutto da solo, le fasi da affrontare sono queste:

- PREPARARE L'IMMOBILE
- PUBBLICIZZARLO
- FARLO VISIONARE
- MONITORARE L'ANDAMENTO
- CONCLUDERE LA VENDITA

Preparare l'immobile.

Come prima cosa, l'immobile va preparato al meglio prima di essere immesso nel mercato. In base alle condizioni in cui si trova, è opportuno eseguire tutti quei lavori necessari per poter sfruttare al meglio le sue caratteristiche. Più apparirà curato e in ordine, più possibilità avrà di essere venduto a un buon prezzo.

Curate i dettagli, spesso sento dire: "tanto mica ci devo vivere io", ecco questo modo di pensare è il migliore per presentare una casa di basso appeal. Più una casa è gradevole e ben curata e più semplice sarà rivenderla, ovviamente particolare attenzione deve essere sempre rivolta al budget, non si può spendere eccessivamente, vanificheremmo il nostro affare.

Tanti lavori, però, non richiedono grossi investimenti ma rendendo molto a livello visivo, ad esempio imbiancare è il minimo per dargli una parvenza di ordine.

In un mercato come quello di oggi, sempre di più viene scelta la qualità, c'è molto sul mercato, sicuramente un immobile in perfette condizioni riceve più attenzione.

Una volta pronta, fai delle belle foto di tutti gli ambienti! Ti consiglio di farlo anche del palazzo, spesso molti privati non le fanno e secondo me sbagliano. Fanne tante di foto e cerca ovviamente di farle al meglio: chiare, magari sfruttando la luce solare. Insomma, che risaltino le caratteristiche positive della casa.

Inoltre, può aiutare anche fare un video, statisticamente oggi in internet le persone guardano molto di più i video delle foto. Non per niente Youtube è uno dei siti più cliccati al mondo.

Pubblicizzarlo.

Ecco qui di seguito alcuni strumenti pubblicitari che puoi utilizzare per promuovere il tuo immobile:

Cartello.

Il classico cartello sullo stabile, funziona sempre e non costa nulla. Anche se l'immobile è stato acquistato da poco, ripresentato sotto un'altra veste riceve nuove attenzioni, anche da parte dei vicini. Il cartello resiste alla concorrenza spietata di Internet, rende sempre, serve principalmente ad attirare il cliente che cerca in quella zona specifica, quindi gira proprio le vie a caccia delle novità.

Portali immobiliari.

Per i privati pubblicare un annuncio di vendita è gratis su tutti i portali immobiliari, tanto ci siamo noi agenzie a mantenerli vivi con contratti sempre più onerosi... Però, c'è da considerare che l'annuncio del privato, non è come l'annuncio dell'agenzia e ti spiego perché.
Ti faccio l'esempio di Immobiliare.it, che è indubbiamente il sito numero uno in Italia per vendere casa: chiunque cerca o vende casa, ci passa prima o poi.

Noi agenzie paghiamo tutti i singoli servizi che portano a guadagnare punteggio di visibilità. I miei annunci hanno sempre la visibilità massima, cioè del 100%, che la ottieni in base ai servizi che compri. Costa fare pubblicità così, ma se ti vuoi differenziare nella montagna di annunci, immagini, video, promozioni che trovi su internet, devi puntare ad avere il top. Voglio offrire un servizio di qualità, so che devo investire.

L'annuncio gratuito che ti propone immobiliare.it è l'annuncio base, resta per 90 giorni pubblicato ed è al minimo della visibilità possibile. Vuoi sapere chi lo vede? In pratica, Noi agenzie! Alle agenzie della zona in automatico viene mandato l'avviso del tuo annuncio ed è per quello che nei primi giorni ti chiamano un sacco di immobiliari. Clienti? un po' all'inizio, ma poi se non passi a pacchetti a pagamento, il tuo annuncio viene risucchiato inesorabilmente nell'oblio. In pratica, tutti i portali funzionano così, quindi per aumentare visibilità può servire acquistare dei pacchetti a pagamento.
Nel caso di immobiliare.it ci sono due pacchetti a pagamento: PREMIUM che costa in sconto (dicono) 0,17 centesimi al giorno per 180 giorni e quello TOP 0,67 centesimi al giorno per 180 giorni. In più ci sono poi varie opzioni aggiuntive da acquistare per ottenere visibilità.

Una alternativa a comprare pacchetti a pagamento può essere diversificare la pubblicità, usare cioè più strumenti, non uno solo. Mettila su diversi portali, sfrutta i Social, il passaparola, diffondi il più possibile la notizia della vendita. Dalla massa uscirà fuori il tuo acquirente. Esistono anche siti immobiliari specifici solo per privati.
Altro trucchetto per rimanere sempre in cima, senza pagare, è quello di modificare di continuo il tuo annuncio.

Ovviamente per pubblicare un annuncio che sia efficace, non sono sufficienti solo le immagini, seppur molto importanti, è altrettanto importante compilare in modo chiaro tutte le informazioni che troviamo nei format dei vari portali. Si preciso, scrupoloso, fornisci informazioni dettagliate. Le persone vanno su internet per risparmiare tempo, se non trovano risposte dettagliate spesso lasciano perdere, si interessano ad annunci più completi. Servirà anche a te, ti evita di dover rispondere sempre alle stesse domande...

Farlo visitare.

Una volta che il tuo affare è finalmente sul mercato, oltre alle decine e decine di chiamate delle agenzie della zona, di certo avrai ricevuto contatti anche da qualche privato interessato, ecco come gestirlo:

La telefonata.

Io consiglio già per telefono di dare informazioni precise, non omettere cose importanti per portarlo "di forza" a vedere casa tua, ti farebbe perdere solo tempo: la sincerità paga sempre!

Fissa la visita possibilmente in orari strategici, meglio di giorno con la luce solare, sicuramente si apprezzerebbe di più, magari scegliendo proprio le ore di maggior luce.

L'appuntamento.

Si sempre gentile e cordiale, fai vedere la casa, lasciandogli il tempo di vedersela bene, con calma, senza, soprattutto, stargli addosso!

Molto spesso un errore che fanno molti, è quello di bombardare il cliente di vantaggi e informazioni, senza preoccuparsi di capire cosa sia realmente un vantaggio o una informazione utile per il cliente.
Questo è un errore che fanno anche molti venditori. Un vantaggio è tale solo se soddisfa un'esigenza del cliente. Se la tua casa ha una vista panoramica, ma il cliente soffre di vertigini, per lui questo non è un vantaggio.

Per vendere devi ascoltare il cliente, cercare di capire quale sia la sua esigenza e valutare se casa tua può effettivamente soddisfare questa esigenza. Solo nel caso ti accorgessi che possa fare al caso suo, puoi mettere in risalto che vantaggio potrebbe portargli, in caso contrario, se ti rendi conto che non è adatta a lui, è inutile che insisti, non gli farai cambiare idea...

I consigli che ti posso dare per gestire al meglio l'appuntamento di vendita sono:

- Essere preciso;
- Essere disponibile;
- Mettere in risalto i punti di forza della casa, senza enfatizzarli eccessivamente;

- Ascoltare il cliente per capire cosa cerca realmente e se la tua casa risponde a queste caratteristiche.

Monitorare l'andamento.

Se il tuo affare non si vende, niente panico, ma non aspettare senza far nulla che succeda quel che speri. É importante monitorare sempre l'andamento per capire dove intervenire.

Come abbiamo detto prima, il mercato immobiliare dopo anni di crisi oggi è nettamente in ripresa. I prezzi non sono cresciuti molto, ma i tempi, almeno nelle grandi città, si sono accorciati notevolmente. Nonostante ciò è comunque normale che passi qualche mese prima di riuscire a concludere, anche perché se l'obbiettivo è investire per ricavarne il massimo, sicuramente non lo stai regalando...
Se il tuo immobile è presente su vari portali immobiliari, è necessario monitorarne l'andamento, tenendo d'occhio le statistiche di visualizzazione, per capire quanto viene visto.

Se una casa non si vende i motivi principali sono sempre solo due:

- È pubblicizzata male;
- È troppo cara;

Se è pubblicizzata male, te ne rendi conto dal numero di visualizzazioni web che ha. Una cosa interessante da fare, potrebbe essere segnarsi il numero delle visite settimanali, in maniera da avere sempre sottocchio l'andamento.
Se ti accorgi che diminuiscono inesorabilmente è meglio intervenire, sono sufficienti piccole modifiche per rivitalizzare il tuo annuncio e renderlo più accattivante, cura bene i dettagli, cerca di migliorarlo sempre.

Se questo non basta, il problema principale è sicuramente il prezzo. Tutto ha il suo valore, tutto si vende.
Se la tua casa è ben pubblicizzata, riceve numerose visite web, l'annuncio è ben fatto e preciso, ma di clienti non se ne vedono, è inutile girarsi intorno, non ci vuole un esperto di economia: devi abbassare il prezzo!
Ricorda sempre che per un investimento il tempo è fondamentale, lasciarla troppo tempo sul mercato comporta diverse spese: condominiali, tasse su seconda casa, interessi di mutuo ecc.. Valuta bene la situazione,

se occorre scendere con la richiesta prima lo si fa meglio è, consulta anche una agenzia immobiliare di fiducia, saprà consigliarti su cosa fare. L'unica alternativa valida al ribasso del prezzo può essere cambiare strategia e puntare sulla locazione.

Concludere la vendita.

Quando invece hai trovato l'acquirente giusto è il momento di chiudere l'affare!

Ecco alcune strategie per quando si sta dall'altra parte...
Prima regola: non parlare già di soldi in fase di visita della casa. Mentre il tuo acquirente vede la casa, deve concentrarsi solo su essa. Per quanto riguarda il prezzo, se ne parlerà seduti ad un tavolo, una volta che ha deciso che gli interessa veramente.
Quindi, non abbassare già la richiesta in fase di visita, gli acquirenti sanno benissimo che poi si tratta, ma scendere già in questa fase, ti porterebbe ad iniziare la trattativa da un punto più basso e molto probabilmente dovrai scendere ulteriormente, se vorrai chiudere. Perciò non farti tirare dentro, fai un passo alla volta, se te lo chiede, rimanda il discorso con un laconico: "se interessa, poi ne parliamo..."

Una volta che il tuo acquirente ti palesa il concreto interesse per casa tua, accomodatevi ad un tavolo e parlatene!
Anche qui devi stare sempre attento a non commettere errori: in questo caso fai esporre lui, la tua richiesta già la sa, senti cosa ha da proporti e prima di rispondere frettolosamente pensaci bene.
Fatti bene i tuoi conti, il tuo investimento ti renderebbe in maniera soddisfacente accettando questa offerta? È il massimo che si può ricavare? Valuta l'operazione a 360 gradi, non sentire solo il numerino che ti dice...
Solo quando sei assolutamente convinto della decisione e aver valutato bene ogni aspetto puoi rispondere. Sarebbe antipatico rimangiarsi la parola, rischieresti di indispettire il tuo acquirente e di far saltare tutto.
Ricorda, che è consentito accettare, come rifiutare, ma anche fare una controproposta ragionevole.

La trattativa è fondamentale sia quando compri che quando vendi, è quello che determina il tuo guadagno.
Per capire se l'acquirente con cui stai trattando è realmente interessato può aiutare mettergli un po' di pressione, facendogli credere di non

essere l'unico interessato. Una volta raggiunto un accordo, va messo tutto per iscritto e devi farti lasciare una caparra.

Regola fondamentale: senza accordo scritto e senza caparra, non hai venduto niente! Sai quante case ho venduto a parole? A quest'ora sarei ricco! Sai quanti, ti tirano in ballo mesi entusiasti di una casa e poi non la comprano? Persone che prendono già le misure dei mobili e poi non ti rispondono più al telefono... Fidati, se la vuole veramente mette tutto per iscritto e ti dà la caparra, senza scuse e senza rimandare troppo... Se rimanda, non è convinto, quindi vai avanti a cercarne un altro.

CAPITOLO 17

GUADAGNA CON GLI AFFITTI

Un'altra ottima opportunità di investimento può essere rappresentata dalle locazioni. Optare per la locazione, invece che la rivendita immediata, è in primis utile a evitare la plus valenza. Infatti, rivendendo dopo 5 anni non c'è nessuna tassa da pagare, quindi un notevole costo in meno, che sommato a 5 anni di affitto percepito, rappresenta un buon gruzzoletto. Si tratta di un investimento più a lungo termine, ma comunque interessante. Oltretutto, ci troviamo in una fase di mercato con valori ai minimi, nell'arco di 5 anni i prezzi potrebbero iniziare a salire.

Tra le tipologie di contratto per abitazioni esistenti, possiamo distinguere:

-   Uso abitativo, della durata di 4 anni, rinnovabili di altri 4;
-   Transitorio, dai 6 ai 18 mesi;
-   Turistico, spesso inferiori ai 30 giorni;
-   Canone concordato;
-   Uso foresteria, quando si affitta a una società.

Ecco le differenze:

Uso abitativo.

l'immobile viene consegnato solitamente vuoto e il conduttore ha facoltà di portarci la residenza. Il canone non aumenta per tutta la durata del contratto, se non per la sola rivalutazione ISTAT. Al termine dei primi 4 anni, il contratto può essere disdetto dal proprietario motivandone la richiesta 6 mesi prima della scadenza tramite raccomandata A/R. In caso di mancata disdetta si rinnova di altri 4 anni.

Uso transitorio.

nei contratti transitori, proprio per la natura del contratto che implica un uso temporaneo dell'immobile, dovuto per esempio a motivi lavorativi e/o di studio, non è consentito mettere la residenza e il conduttore non deve risiedere nello stesso comune dell'immobile. La casa deve essere consegnata arredata e completa di tutto. Nelle grandi città con più abitanti, il canone di locazione non è libero, ma calmierato, quindi bisogna informarsi presso il proprio Comune sui valori applicabili in zona.

Locazioni turistiche.

Le locazioni turistiche, invece, sono chiaramente per brevi periodi, quindi in casa c'è molto turnover, ma danno due importanti vantaggi, ecco quali:

1. la fantastica opportunità di variare il canone in base alla stagione e alla richiesta, magari legata anche ad eventi culturali in zona;

2. la possibilità di avere sempre l'immobile disponibile in breve tempo, quindi può essere comunque tenuto in vendita, in modo che se arriva l'offertona, non la si perde.

I contratti turistici non vanno registrati se inferiori ai 30 giorni, la casa chiaramente deve essere completa di arredi. Per trovare sempre clienti ci sono siti specializzati, ad esempio il più famoso è www.airbnb.it, che procurano un ottimo numero di clienti e sono molto semplici da utilizzare.

Su questi siti i clienti possono gestire direttamente le prenotazioni, i pagamenti vengono fatti al sito nel momento della prenotazione, che poi li rigira al proprietario, tolti i costi del servizio. Anche i prezzi possono essere modificati in automatico in base alle richieste e ai parametri immessi dal proprietario. Tutto si gestisce con semplicità in maniera molto funzionale. Il proprietario oltre a impostare la richiesta economica minima e massima, inserisce le limitazioni e regole della casa che ritiene opportune.

La rendita che si può ottenere è anche di 3-4 volte maggiore rispetto ad un affitto tradizionale, in base ovviamente alla zona di ubicazione. Di questo tipo di opportunità parleremo dettagliatamente nel prossimo capitolo, in cui vedremo come trasformare il tuo immobile in un Bed and Breakfast e guadagnare grazie al portale di AIRBNB.

Canone concordato.

Il Canone Concordato è una tipologia di contratto che prevede una durata di 3 anni rinnovabile, in mancanza di disdetta 6 mesi prima della scadenza, di altri 2 anni. Sono contratti che vengono stipulati con la presenza di associazioni di categoria, o in alternativa devono essere comunque avvallati da esse. il canone viene stabilito da tabelle comunali in base alla zona di ubicazione. I valori sono determinati da queste associazioni il canone quindi risulta più basso rispetto al mercato libero, ma in cambio fornisce notevoli vantaggi sulla tassazione.

Uso foresteria.

Sono contratti di cui il conduttore è una società.

Tassazioni sui contratti di locazioni.

Tutti i contratti di locazione che superano i 30 giorni vanno registrati all'Agenzia Delle Entrate, i costi sono:

- 2% del canone annuo (tassa che va poi pagata anche per gli anni successivi);
- Marche da bollo 16 € x ogni copia di contratto da massimo 100 righe;

Questi costi vengono divisi tra le parti.

A livello di tassazione, tutti i contratti, (anche quelli turistici) sono soggetti ad entrare in dichiarazione dei redditi e quindi ad essere sommati al resto dei redditi per essere tassati in base all'aliquota raggiunta nella famigerata tassazione Irpef. A oggi le aliquote sono queste:

- Reddito fino a € 15.000   > 23%
- Reddito tra € 15.001 e € 28.000   > 27%
- Reddito tra € 28.001 e € 55.000   > 38%
- Reddito tra € 55.001 e € 75.000   > 41%
- Reddito oltre € 75.000   > 43%

Con la tassazione Irpef c'è da tener presente che il reddito derivante dall'affitto è tassato al 95%, ovvero se percepisci € 10.000 di affitto, l'importo tassato è di e 9.500 e hai la possibilità di detrarre le varie spese sostenute.

L'alternativa prevista per tutti i tipi di contratti è quella di usufruire della cosiddetta "cedolare secca", ovvero il reddito derivante dalle locazioni viene tassato a monte del 21% in forma fissa, senza entrare in dichiarazione. In questo caso però viene tassato l'intero reddito percepito. Optando per questo tipo di tassazione, non è più dovuta l'imposta di registro annuale, così come le marche da bollo, ma non consente l'aumento annuale ISTAT del canone, come nella tassazione tradizionale.

Nel caso di contratto di locazione a Canone Concordato, come abbiamo detto, si ha una riduzione di tasse che nel caso di tassazione IRPEF è del 30%, mentre nel caso di Cedolare secca si corrisponde una tassazione pari al 10%, inoltre si hanno anche riduzioni su IMU e TASI pari al 25%.

Quale sia il sistema più conveniente non è possibile dirlo, dipende da caso a caso, in base ai redditi percepiti bisogna calcolare cosa conviene di più.

Un' importante considerazione da fare sulle locazioni è questa: nelle grandi città come Milano le richieste di affitto sono veramente molte, quindi non aver fretta di affittare la tua casa al primo che arriva, analizza bene chi hai di fronte, controlla che abbia i requisiti/redditi adeguati, un errore può costar molto caro.

Le sublocazioni.

Un'altra forma di investimento che deriva dalle locazioni, è quello che utilizza la sub-locazione, ovvero quando l'inquilino titolare di un contratto di locazione subaffitta l'immobile ad un altro soggetto. Queste tipologie di investimento sono molto diffuse e danno ottime possibilità.

Ci sono persone che prendono in locazione grossi immobili in punti strategici, a prezzi favorevoli, riservandosi nel contratto la possibilità di sublocare la casa. A questo punto, affittano le singole stanze, o addirittura i posti letto, generando una rendita. Funziona molto sia per gli studenti, sia affittando grossi uffici, facendo condividere più aziende, i famosi studi associati.

Ovviamente il titolare del contratto gestisce in prima persona il turnover e tutti i servizi che l'immobile deve garantire, ad esempio le utenze, lasciando il proprietario tranquillo di percepire il suo canone.

Ecco un esempio di quanto può rendere un investimento di questo tipo:

1. Stipulo un contratto di locazione per un 3 locali con un canone di **€ 900** al mese compreso di spese condominiali;
2. affitto a 4 studenti per € 350 x posto letto, nella cifra includo utenze e wi-fi per connessione internet.
3. Percepisco, quindi un ricavo totale mensile di **€ 1.400**

4. Se dal mio ricavo tolgo l'affitto pagato al proprietario e il costo di utenze e internet (per semplicità ipotizziamo **€ 100** al mese), avrò una rendita mensile pari a **€ 400**, senza aver investito praticamente nulla.

LOCAZIONE PAGATA	SPESE SOSTENUTE	LOCAZIONE PERCEPITA	GUADAGNO NETTO
€ 900	€ 100	€ 1400	€ 400

Ripetendo questa operazione più volte, posso generare una vera e propria rendita; può diventare addirittura un lavoro a tempo pieno o un secondo lavoro, considerando le scarse opportunità di impiego, non è da sottovalutare.

Può essere anche un metodo ideale per uno studente universitario: ti intesti il contratto, gestisci tutto tu e con i ricavi degli altri inquilini ti copri i costi dell'alloggio, senza pesare sulla famiglia.

Le sub-locazioni sono perfettamente legali, se previste nel contratto. Chiaramente il guadagno che avrò sarà in proporzione a quanto investirò, sia dal punto di vista economico sia di tempo.

Come ti dicevo all'inizio, lo scopo di questo manuale è puntare a fare investimenti low cost, utilizzando capitali minimi per generare guadagni, quindi questo è perfettamente in linea, perché grazie a questo metodo si riducono al minimo i costi e di conseguenza i margini di rischio.

Viene utilizzato molto anche in campo turistico, nelle grandi città, meglio se in zone centrali e/o comode a mezzi. Ci sono società specializzate che prendono in locazione numerosi immobili proprio per fare attività turistica, ricavando così ottimi guadagni.

CAPITOLO 18

TRASFORMA IL TUO IMMOBILE IN UN BNB

Come ti accennavo nel capitolo precedente, ora vediamo come trasformare il tuo immobile in un B&B e farlo rendere al meglio utilizzando il portale di AIRBNB.

É il fenomeno del momento, in pochi anni Airbnb è diventato un colosso turistico mondiale pur non essendo proprietario neanche di una sola camera. Ospita milioni di persone in tutto il mondo e non ha neanche una camera di proprietà, fantastico!

Indubbiamente ha cambiato le regole del turismo, permettendo a viaggiatori di tutto il mondo di vivere un'esperienza autentica alloggiando in una casa vera, localizzata nel territorio per vivere appieno il paese che si decide di visitare. Non più un ambiente artificiale di un hotel o di un villaggio turistico, non si è più costretti a mangiare nel ristorantino creato ad "hoc", si vive esattamente come un cittadino del luogo, con anche il vantaggio di un prezzo nettamente più conveniente rispetto ad un hotel.

Questo rappresenta oggi una grande opportunità di business per chiunque possiede un immobile libero o addirittura una sola stanza!

Lo si può fare saltuariamente, per un periodo più o meno lungo, lo si può fare anche solo per una stanza che magari non si utilizza e addirittura se non si è proprietari, subaffittando l'immobile, come dicevamo prima. Insomma, opportunità di guadagno per tutti!

Senza dimenticare che è anche un'ottima occasione per conoscere persone da tutto il mondo, condividere esperienze, migliorare l'inglese, vivere un'esperienza che comunque ti arricchisce anche a livello umano.

Tutto ciò che serve per intraprendere questo progetto è:

- uno spazio adeguato da utilizzare per ospitare;
- tempo da dedicarci.

Perché il tuo investimento diventi un b&b e possa rendere al meglio è essenziale che sia curato al top, su airbnb il livello è alto, se non hai ottime recensioni il tuo annuncio non viene visualizzato. Lo spazio deve essere pulito perfettamente, accessoriato al meglio, confortevole, solo così puoi sfruttarne al massimo le potenzialità.

Il tempo da dedicarci è fondamentale, perché è vero che si guadagna, ma è comunque un impegno. Ti richiede poche ore al giorno, ma è comunque un lavoro: pulire l'abitazione, cambiare lenzuola e asciugamani, farle lavare, consegnare le chiavi agli ospiti, con tutto ciò che ne consegue e dettaglio non trascurabile, rispondere alle mail che ti arrivano giornalmente con le varie richieste degli ospiti.

Chiaramente puoi delegare altri a farlo per te, ma riducendone i profitti. Alcuni Host di questa attività ne hanno fatto addirittura la loro professione principale, raggiungendo guadagni importanti.

Una cosa è certa, è un modo per mettere immediatamente a reddito il tuo immobile e iniziare a rientrare subito del tuo investimento, guadagnando qualche soldo in fretta, perché una volta pronta e inserita sul sito, immediatamente arrivano gli ospiti!

Sembra tutto semplice? In parte è vero, ma come tutte le attività serve conoscenza, pianificazione, organizzazione, impegno e costanza.

Innanzitutto, è importante conoscere gli aspetti normativi che regolano questa attività. È importante sapere che la si può svolgere anche in maniera non imprenditoriale, quindi senza una partita iva, solo se risponde a queste caratteristiche:

- Massimo due case o tre stanze, è consentito fino a 6 posti letto totali;
- Farlo senza fornire servizi aggiuntivi, tipo pulizie giornaliere o colazione. È possibile fornire lenzuola e asciugamani e far pagare a parte le pulizie finali.
- Deve essere saltuario, non per tutto l'anno, generalmente deve essere affittata massimo 200 giorni all'anno, poi dipende anche dalle norme comunali al riguardo.

In generale, come dicevamo nel capitolo precedente, per contratti di locazione brevi, si intendono tutti i contratti con una durata inferiore ai 30 giorni, che non vanno registrati all'Agenzia delle Entrate, avvalendosi di AIRBNB non è necessario neanche fare un contratto, in quanto è fatto in automatico dalla piattaforma.

Adempimenti.

La prima cosa da fare è sicuramente sentire il Comune della propria città, perché non tutti i Comuni hanno le stesse normative per gli affitti turistici. Occorre quindi rivolgersi allo "sportello unico per le attività ricettive" e sentire cosa prevede il Comune dove è sito lo spazio.

In molte Città c'è l'obbligo della tassa di soggiorno, che fortunatamente da un po' di tempo airbnb riscuote in automatico per vostro conto, un impegno in meno per voi.

Per poter essere in regola con il tuo BnB o Casa Vacanza a Milano devi ottemperare a questi 4 adempimenti:

- Presentare una SCIA di inizio attività;
- Ottenere l'abilitazione per inviare alla questura i dati dei tuoi ospiti;
- Comunicare al comune/regione prezzi e flusso degli ospiti;
- Stipulare un'assicurazione per gli ospiti.

Tutto deve essere fatto online (a parte l'assicurazione che ovviamente puoi decidere con chi e come farla) e purtroppo non è semplicissimo reperire le informazioni necessarie.

Scia inizio attività.

La prima cosa da fare è comunicare al Comune l'inizio della tua attività e lo si può fare solo presentando una SCIA on line. La SCIA è una segnalazione certificata di inizio attività, sostituisce in pratica il rilascio dell'autorizzazione da parte del Comune.

Non ci sono sportelli a cui rivolgersi, se vai in Comune nessuno sa niente e ti rimandano al web. Anche sul web le notizie non sono molto chiare e semplici, se non hai dimestichezza con queste procedure, potresti avere difficoltà, ma tranquillo ora ti dico io come fare!

1. Vai sul portale: http://www.impresainungiorno.gov.it/
2. Seleziona il comune dove presentare la domanda
3. Clicca su "compila nuova domanda"

A questo punto il portale ti chiede di accedere con una delle seguenti modalità:

1. SPID
2. CNS
3. REGISTRATI

Se sei un privato la cosa più semplice ed economica è utilizzare **SPID.**

SPID è un Sistema Pubblico di Identità Digitale, varie piattaforme offrono questo servizio, in pratica crei una Identità Digitale con firma digitale e PEC (se non ne hai ancora una) che ti consentirà di accedere a tutti i servizi on line della Pubblica Amministrazione, io ho sempre utilizzato ARUBA.IT.

Entri in aruba.it e acquisti questo servizio, segui tutta la procedura, ti servirà avere i tuoi documenti personali a portata di mano e un pc con la cam per completare la registrazione della tua identità digitale. Dovrai, inoltre, scaricare su un dispositivo mobile una app di Aruba che in pratica genera password numeriche di continuo per tutelare maggiormente i tuoi dati.

Una volta che hai tutto ciò puoi finalmente entrare e compilare la tua domanda.

Nella domanda vanno inseriti tutti i tuoi dati e quelli dell'immobile, va specificato se si tratta di un'attività a livello imprenditoriale o non imprenditoriale e di che tipo di struttura si intende avviare: Bnb o CAV (Case e Appartamenti per Vacanze). Questa informazione va inserita all'inizio, nella schermata in cui il portale chiede la descrizione dell'attività che si vuole avviare.

Entrambe si possono fare in forma non imprenditoriale, cambiano un po' i servizi da offrire, ad esempio nei bnb bisognerebbe erogare anche le colazioni. Nella pratica va allegata anche la scheda catastale dell'immobile e una volta compilata in tutti i suoi campi va firmata digitalmente e inviata.

Registrazione ospiti in questura.

La seconda cosa da fare è ottenere l'abilitazione per poter registrare gli ospiti in questura in via telematica. Anche questa operazione la si può fare on line, è sufficiente inviare via PEC una richiesta di abilitazione con l'apposito modulo scaricabile sul portale https://alloggiweb.poliziadistato.it

La questura ti risponde con le credenziali di accesso (utente e password), una volta ottenute si può accedere nell'area privata del portale alloggiweb. Al primo accesso è necessario scaricare il certificato digitale.

Una volta che si è accreditati si compila in maniera semplice ed intuitiva un form con i dati degli ospiti e si invia in questura. Il tutto deve essere fatto entro 48 ore. Le ricevute generate dal sistema vanno conservate per 5 anni.

Gestione flussi.

É necessario poi iscriversi al portale
https://www.flussituristici.servizirl.it/Turismo5/, nella home del sito ci sono le istruzioni per richiedere le credenziali di accesso. Su questo portale vanno registrati tutti i flussi degli ospiti, segnalando anche quando non ci sono prenotazioni o quando la struttura rimane chiusa. Registrando gli ospiti su questa piattaforma è poi possibile generare file da inviare in questura evitando di doverli scrivere due volte.

Assicurazione per gli ospiti.

È obbligatorio sottoscrivere anche una assicurazione per gli ospiti, che copra eventuali infortuni loro o danni causati a terzi, io consiglierei anche per danni all'immobile, almeno per quelli più gravi.

Possono sembrare tante cose, ma in realtà non è nulla di complicato.

Per quanto riguarda la tassazione sui redditi percepiti per gli affitti brevi gestiti da privati si adotta il regime di "Cedolare Secca".

Iscrizione al portale.

L'iscrizione a Airbnb è totalmente gratuita, il sito trattiene in automatico una commissione per ogni prenotazione ricevuta del 3%. Anche chi prenota paga una commissione tra il 6 e il 12%.

Una volta iscritti, si può inserire il proprio annuncio con questi pochi passaggi principali:

- La prima cosa fondamentale è avere delle ottime fotografie del proprio spazio. Questa è una cosa di massima importanza, di appartamenti ce ne sono tantissimi, il tuo spazio per farsi notare deve essere curato e perfetto in ogni dettaglio. Fotografa tutti gli ambienti, sfrutta la luce solare, fai foto invitanti e nitide, sono le regole fondamentali sempre valide sia che si vende, sia che si affitta.
- Descrivi bene il tuo spazio, non solo gli ambienti, anche la zona, cosa c'è di carino e/o utile nelle vicinanze: ristoranti, locali, lavanderie 24h, supermercati, ecc... Cosa rende la tua casa un posto unico e accogliente? Cerca di fornire più servizi possibili, in modo da rispondere a tutte le esigenze degli ospiti: wi-fi, lenzuola, asciugamani, lavatrice, utilizzo cucina attrezzata, ferro da stiro, kit di pronto soccorso... Insomma, tutto quello che tu vorresti trovare in una casa vacanze! Rendi la tua casa sicura, ad esempio anche un estintore non farebbe male, la sicurezza è molto apprezzata dagli ospiti.
- Arriviamo al punto più delicato: stabilire il prezzo! Per stabilire un giusto prezzo è necessario considerare diversi fattori tra cui la zona di ubicazione, la vicinanza alla metropolitana e/o mezzi pubblici, la comodità dal centro e anche quante persone può ospitare. AIRBNB si è sviluppata così tanto anche e soprattutto perché gli ospiti possono risparmiare rispetto ad un hotel, un prezzo troppo elevato non avrebbe grande riscontro. Il portale ti suggerisce un prezzo in base a case simili presenti in zona, a dire il vero è un prezzo molto basso, ma si può alzare in qualsiasi momento. Io partirei da un prezzo conveniente, in modo da avere subito ottime recensioni, per poi alzarlo gradualmente. Si può alzare anche in base ad eventi socio-culturali in zona. Più recensioni positive hai più il tuo annuncio viene visualizzato e ricevi prenotazioni, questa è la regola base di AIRBNB. Nel prezzo tieni conto anche le spese di pulizia, bollette e tasse, insomma valuta bene devi pur sempre guadagnarci...
- Regole della casa, nel portale puoi inserire le tue regole che gli ospiti dovranno rispettare: dalla possibilità o meno di fare feste, se è concesso fumare, portare animali ecc... Qui scriverai come vorresti che venisse utilizzata la tua casa.

- Pagamenti. I pagamenti avvengono tramite il sito: un ospite al momento della prenotazione paga l'intero importo del soggiorno. A te viene corrisposto il giorno successivo all'entrata dell'ospite. Sulle modalità, puoi scegliere l'accredito tramite bonifico o paypal.

Una volta compilato tutto, si è pronti per ospitare e guadagnare, ma non basta! Per sfruttare al meglio le potenzialità offerte da AIRBNB essere un semplice HOST rende, ma si può fare meglio! La concorrenza è sempre più spietata anche in questo settore, quindi se vuoi guadagnare bene devi puntare a diventare un SUPERHOST!
Per diventare un Superhost, occorre avere sempre recensioni a 5 stelle e grazie a questo il vostro annuncio viene più visualizzato rispetto agli altri, dando così una concreta opportunità di aumentare il fatturato. Se sei un Superhost riscuoti sicuramente più fiducia da parte degli ospiti che preferiranno prenotare da te. In AIRBNB le recensioni degli ospiti sono fondamentali, quindi dovete essere impeccabili e regalare ad ogni vostro ospite un'esperienza unica!

Le regole base per ottenere questo importante titolo sono:
- Educazione e ospitalità
- Confort dello spazio
- Igiene e pulizia

Educazione ed ospitalità.

Sono cose ovvie, ma fondamentali, bisogna essere sempre educati con gli ospiti e veloci nelle risposte. Scaricando l'app sul telefonino, è possibile in ogni momento rispondere celermente, questo fa sicuramente piacere ad un ospite che sta organizzando il suo viaggio. Date sempre risposte chiare, in maniera informale, non siete un grande hotel, siate sempre disponibili a venir incontro alle esigenze del vostro ospite.

Confort dello spazio.

Chiaro che tutto deve essere in ordine e funzionale, pensate a tutto ciò che voi vorreste trovare quando viaggiate, mettersi nei panni dell'ospite aiuta molto. Fate trovare in casa anche una piantina della città, informazioni su mezzi di trasporto, supermercati, locali... insomma tutto ciò che può essere utile per una vacanza serena.

Igiene e pulizia.

Dovrebbe essere inutile ribadirlo, ma ho alloggiato in posti che mi risulta davvero inspiegabile come si possa affittare in queste condizioni igieniche e mi riferisco anche ad alberghi che dovrebbero essere professionisti nel settore. La casa deve essere perfettamente pulita e profumata.

Per quanto riguarda la biancheria, ovvio che va cambiata per ogni ospite ma dove lavarla? Bè le possibilità sono tre:

- Lavarsele e stirarsele a casa propria;
- Lavanderie industriali;
- Noleggio.

Chiaro che fare tutto da soli si risparmia, ma può essere impegnativo, ci sono lavanderie industriali che con pochi soldi non solo lavano e stirano ma vengono anche a ritirare e riconsegnare la biancheria, non male! L'ultima soluzione è il noleggio, non ha costi eccessivi ci può stare in alcuni casi.
In definitiva, su quale sia la soluzione migliore, come sempre, va valutata conti alla mano di caso in caso.

Sono in questi 3 punti che ti giochi le 5 stelle.

L'ultimo consiglio è quello di prestare molta attenzione all'accoglienza dell'ospite, il check-in. Mai far aspettare il cliente lì fuori, essere subito cordiali e disponibili, fargli vedere tutto dello spazio, è in questa fase che si crea il feeling giusto!

E per quando parte? Bè sì, sarebbe più comodo farsi lasciare le chiavi nella casella della posta, ma se possibile andare a salutarlo e ringraziarlo sicuramente non farebbe male!
C'è poco da fare, per ottenere il massimo, deve piacere il vostro spazio e dovete piacere voi!
Ci sono anche soluzioni per ridurre l'impegno, ad esempio il self-check-in, dotando l'ingresso del tuo immobile di uno strumento che fa sì che la porta si apri attraverso un codice che darai al tuo ospite, fa risparmiare un sacco di tempo a te ed è un buon servizio per l'ospite che può arrivare all'ora che preferisce. Viene fatto anche attraverso una cassetta di

sicurezza accessibile sempre con un codice, in cui l'ospite può ritirare e riporre le chiavi.

Se sarai attento a tutti questi dettagli e accorgimenti, vedrai che il tuo investimento produrrà da subito un'ottima rendita costante, che magari ti farà passare la voglia di rivendere subito.

Chiaramente non esiste solo AIRBNB come portale che fornisce questo servizio, ormai ce ne sono diversi, fondamentalmente il funzionamento è il medesimo. Negli ultimi anni anche booking.com si è esteso ai privati, la differenza che ha provvigioni più elevate, ma anche la possibilità di chiedere prezzi più alti. Cosa conviene? Secondo me dipende dalla zona: in case in zone centrali probabilmente è meglio Booking, si guadagna di più, in periferia meglio Airbnb, ma ovviamente va poi tutto testato sul campo...

CAPITOLO 19

UNA PERSONALE TEORIA

Come dicevamo all'inizio, per noi italiani la casa rappresenta il traguardo più ambito, rappresenta una sicurezza, un bene rifugio. Per molti è un investimento, quello più importante della loro vita, mentre viceversa stare in affitto equivale a buttar via soldi.

Ma l'abitazione principale è veramente un investimento?

Secondo me, si può parlare di investimento se produce una rendita, un guadagno, ma in realtà l'immobile in cui abitiamo produce solo costi, quindi che investimento è?

Ultimamente ho fatto un rogito con clienti che dopo 10 anni di affitto, hanno finalmente deciso di acquistare casa... Usciti dalla banca mi hanno confidato:

"eh... se ci fossimo decisi prima, non avremmo buttato via tutti questi soldi in affitto..."

Ho fatto due conti: loro sono stati in affitto a € 650 al mese compreso di spese condominiali per 10 anni, quindi in totale hanno speso € 78.000, mica poco!

Oggi hanno acquistato un trilocale a € 150.000, 10 anni fa lo stesso immobile lo avrebbero pagato certamente non meno di € 230.000.

In più avrebbero avuto tasse, spese condominiali, lavori straordinari, avrebbero dovuto fare un mutuo maggiore con interessi molto più alti di oggi, ecc... ecc...

Mi sono chiesto, ma hanno fatto proprio così male a rimanere in affitto tutti questi anni? Non era forse questo il momento giusto per comprare?

Ora parlerò della mia esperienza, io abito in una casa in affitto; spesso i clienti si stupiscono e mi chiedono: "ma come! Vendi case da più di 20 anni e vivi in affitto?"

Ecco la risposta tanto attesa: io ho una casa di proprietà, ma è a reddito.

La mia teoria è questa:

se la casa dove si abita è comunque e inevitabilmente un costo, meglio avere un costo fisso e certo. Io pago il mio affitto, comprensivo di spese e sono a posto. Zero sorprese, zero preoccupazioni, so quanto devo pagare e lo pago.

In questi anni, pur essendo una casa molto recente, sono già intervenuti per sistemare nell'ordine: piano cantina allagato, perdite sul tetto, di cui l'impresa fallita non se ne è fatta carico, caldaia condominiale e ascensore. Insomma, ci sono state numerose spese impreviste, che se avessi acquistato, invece che averlo in affitto, non sarebbe stato un buon affare, perché oggi non sarebbe vendibile alla cifra pagata, ancor di più se sommassi tutte queste spese straordinarie.

Oggi sarei vincolato a rimanere lì per chissà quanto tempo, per non rimetterci troppo, invece così, se decidessi di cambiare, potrei farlo tranquillamente. Per molti questo non rappresenta una sicurezza, il proprietario potrebbe rivolere l'immobile, ma quale sarebbe il problema di trovarne un altro?

Io ho una casa di proprietà, ma non ci abito, quella casa produce una rendita, utilizzata come B&B, quindi quella è un vero investimento. Anche lì certamente ci saranno nel corso degli anni lavori straordinari, è inevitabile che in quel momento guadagnerei meno, ma comunque produrrebbe seppur poco una rendita.

Quindi la mia teoria è questa:

la casa per investimento è quella in cui non abiti, quella in cui abiti è solo un costo, quindi meglio avere un costo fisso e certo. Fermo restando che comprare casa, al giusto prezzo e nel momento giusto è sempre una scelta vincente.

Se acquisti bene, se fai buoni investimenti immobiliari, puoi ricavare molto e vivere serenamente anche in affitto. Tutto sta nel trovare il giusto equilibrio tra costi (casa in affitto) e ricavi (investimenti immobiliari) e il gioco è fatto!

CONCLUSIONI

Ora che sappiamo tutto su come fare un buon affare e come farlo fruttare al meglio, è il momento delle considerazioni finali.

Il mercato immobiliare offre infinite possibilità di investimento e la grande notizia è che è aperta a tutti! Tutti possono investire, in base alle proprie potenzialità. Da 2.000/3.000 Euro in su, ognuno può trovare la sua dimensione di investimento. È necessario farlo con attenzione e con il giusto livello di competenza, ma tutto sommato è alla portata di tutti.

Come abbiamo visto ci sono diversi modi di acquisizione e di gestione, in base alla situazione si sceglie la combinazione più appropriata. La cosa fondamentale è pianificare tutto prima:

- Obbiettivo
- Budget
- Tempo

Obbiettivo.

È importante porsi degli obbiettivi, tutto parte da questo. Voglio generare una rendita costante o fare una singola operazione che mi faccia guadagnare in tempi brevi un buon gruzzoletto? Non con tutti gli immobili è possibile comprarli e dopo un mese rivenderli al 30% in più, alcuni sono più adatti ad essere messi in affitto con cui garantiscono una rendita costante. Se punto su un immobile da ristrutturare, devo mettere in preventivo che oltre al costo, seguire i lavori è comunque un impegno. È importante fissarsi un obbiettivo chiaro e pianificare di conseguenza, non comprare a tutti i costi qualcosa.

Budget.

Vien da sé che l'obbiettivo è correlato anche molto al budget, se ho 100.000 Euro in mano o comunque ho possibilità di farmeli finanziare, posso guardare in alcune direzioni, se ho 5.000 Euro e non posso far finanziamenti, dovrò puntare su altro.

Tempo.

Il tempo è sempre una cosa determinante, inteso sì come realizzo, perché 10.000 Euro in 10 giorni, non hanno lo stesso peso di recuperarli in 3 anni, per ovvi motivi che capirai. Ma è anche importante il tempo che hai a disposizione da dedicare ai tuoi investimenti immobiliari. Se lavori tutto il giorno e non riesci a sistemare la casa che hai preso con lo scopo di metterla a reddito, che quindi rimane vuota 4 mesi, capisci bene che hai ristretto il tuo margine di guadagno. Il consiglio è di non mettersi in cose che non si ha tempo di seguire, a meno che tu non decida di far seguire tutto a un professionista di tua fiducia.

Fare investimenti immobiliari potrebbe diventare anche un vero e proprio secondo lavoro, per chi ha la possibilità di farlo.

La parola chiave è sempre pianificare bene: obbiettivi, budget, tempo. Il grosso nemico invece si chiama:

IMPROVVISAZIONE

Questo manuale vuole far conoscere le varie possibilità, dare idee che possano essere sviluppate da chi desidera iniziare a investire in immobili. Spero serva a far comprendere che fare investimenti immobiliari, non è cosa riservata solo a pochi ricchi, chiunque può ritagliarsi il proprio spazio, è chiaro però, che non sia sufficiente leggere questo manuale per diventare dei super investitori.

Se a me regalassero un manuale di meccanica, seppur ben fatto, non mi metterei mai a smontare il motore della mia macchina a caccia del guasto. Alla base ci vuole sempre una conoscenza specifica dell'argomento. Questo è il punto di partenza, ma se stai prendendo un aereo per Berlino convinto di tornare con un buon affare, fermati! Se non si hanno delle conoscenze di base è sempre meglio affidarsi ad un professionista che sa come muoversi. Il fai da te è divertente, ma quando ci sono di mezzo tanti soldi, la prudenza è d'obbligo, tutto, compreso questo manuale, va maneggiato con cura.

MODULI CONTRATTI

Ecco qui di seguito alcuni moduli di contratti che possono essere utili nella compravendita e nella locazione.

Vendita.

- PROPOSTA D'ACQUISTO
- PRELIMINARE DI COMPRAVENDITA

Locazione.

- CONTRATTO DI LOCAZIONE AD USO ABITATIVO (4+4)

Note:

- il contratto di locazione abitativo è inserito con l'opzione della cedolare secca, in caso si voglia utilizzare la tassazione IRPEF, cancellare quel punto ed inserire: 1. Che le spese di registrazione del contratto saranno divise tra le parti; 2. Aumento annuale in base all'indice ISTAT.
- In caso di contratto intestato ad una società va utilizzato il contratto a uso foresteria.
- Contratto transitorio: per il contratto transitorio cambia la durata che deve essere dai 6 ai 18 mesi e va indicato il motivo della transitorietà del contratto (es. motivi di lavoro/studio ecc...)

I contratti di locazione possono essere acquistati da "Buffetti", così si ha la certezza che siano sempre aggiornati.

PROPOSTA D'ACQUISTO

Destinatario Sig.re ....

Via ....

1) Con la presente da valersi a preliminare di compravendita io sottoscritto ...., nat...... a .... il .... e residente a .... Via .... n°......tel. ...., Cod. Fiscale ...., propongo irrevocabilmente di acquistare per me, persone e/o società da nominare al rogito notarile la porzione immobiliare sita in .... Via .... n° .... di proprietà di .... e più precisamente costituita da:

....

....

e comunque come di fatto, della quale è stata presa visione in ogni particolare pertinenza ed accessorio:

a) attualmente occupata dal proprietario e libera per il ....; b) attualmente in costruzione e consegnata per il ....;

c) attualmente affittata come da contratto in corso intestato a ....; d) attualmente libera.

2) L'immobile in oggetto dovrà essere trasferito libero da oneri, vizi ed evizioni, trascrizioni pregiudizievoli, ipoteche ed in perfetta regola con le norme edilizie vigenti ad eccezione di ....

3) Prezzo offerto € .... (Euro ....) con le seguenti modalità e termini di pagamento:

a) € .... (Euro
....) a titolo di caparra confirmatoria,
vengono versati contestualmente alla firma della presente con assegno
non trasferibile n° .... della banca
...., intestato alla parte venditrice.

b) € .... (Euro
....) ad integrazione della caparra
confirmatoria verranno versati con assegno circolare entro il
.........................;

c) € .... (Euro
....) verranno versati con assegno
circolare entro e non oltre il .... ;

d) € .... (Euro
....) verranno versati con assegno
circolare al rogito notarile che verrà stipulato a semplice convocazione
entro e non oltre il .... presso lo studio del notaio
.... con sede in
.... Le spese e tasse tecniche connesse al
rogito notarile saranno a carico del sottoscritto.

4) L'acquisto viene effettuato a corpo e non a misura, l'immobile è stato
da me visitato e trovato di mio gradimento nello stato di fatto e di diritto
in cui si trova, saranno comprese le quote di parti comuni ai sensi dell'Art.
1117 C.C. Accetto il regolamento di condominio vigente, o quello che
verrà depositato dalla parte venditrice.

5) Il proponente dichiara che la presente proposta di acquisto è
irrevocabile e perderà efficacia .... giorni dopo la sottoscrizione. In
caso di mancata accettazione della parte venditrice.

Firma ....

A norma degli Artt. 1341-1342 C.C. si approva specificamente la clausola
di cui al punto 5 (irrevocabilità della proposta).

Firma .... data ....

Firma per accettazione proposta

Firma .... data ....

Firma venditore per ritiro caparra

Firma .... data ....

PRELIMINARE DI COMPRAVENDITA

Con la presente scrittura privata da farsi valere ad ogni effetto di Legge tra .... nat.. a .... il .... Cod. Fiscale .... residente in ...., di stato libero/coniugata in regime di comunione/separazione dei beni che è Promittente Venditore ed in seguito denominato per brevità "Parte Venditrice" e tra ...., nat.. a .... il .... Cod. Fiscale .... residente in .... di stato civile libero/coniugato min regime di comunione/separazione dei beni, che è Promittente Acquirente ed in seguito denominati per brevità "Parte Acquirente".

SI CONVIENE E STIPULA QUANTO SEGUE:

1) La Parte Venditrice promette di cedere e vendere alla Parte Acquirente che promette di acquistare per sé, eredi o Società che si riserva di dichiarare al momento della stipula del Rogito Notarile di Compravendita, l'unità sita in ...., Via .... E più precisamente: appartamento sito al piano ...., composto da .... Detta unità immobiliare risulta così censita al N.C.E.U. al foglio ...., mappale ...., sub ...., Z.C. ...., Cat. ...., Classe ...., vani ...., R.C. € .... Il tutto come meglio pervenuto da atto notarile del Dott. ...., registrato a ...., il .... al n. .... Serie ...., il tutto salvo errori o come meglio in fatto.

2) La Parte Venditrice dichiara che la porzione immobiliare in oggetto sarà trasferita all'atto del Rogito Notarile libera da oneri, iscrizioni ipotecarie, liti in corso, trascrizioni pregiudizievoli, privilegi anche fiscali, aggiornata, con il pagamento di tasse ed imposte ad eccezione di nulla.

La Parte Promittente Venditrice sin d'ora precisa che ogni eventuale pregiudizievole non citato nel presente Preliminare verrà cancellata prima del Rogito Notarile a tutte sue cure e spese.

3)   Quanto in oggetto sarà trasferito nello stato di fatto e di diritto in cui si trova, come vista e gradita dalla Parte Acquirente, con ogni accessorio, accessione, pertinenza, dipendenza, servitù attiva e passiva, apparente e non apparente, con gli inerenti diritti sulle parti comuni ai sensi dell'art. 1117 C.C., in regola con il pagamento delle spese condominiali, così come pervenuto alla Parte Venditrice in forza dei titoli di provenienza e dalla stessa Parte Venditrice posseduta fino ad oggi.

Le parti unitamente convengono che tutti gli impianti di servizio relativi a quanto in oggetto saranno trasferiti nello stato di fatto in cui si trovano.

In conseguenza, le parti convengono espressamente che eventuali lavori di riparazione, ordinaria o straordinaria manutenzione, adeguamento a normative di legge, che si rendano necessari od utili saranno effettuati ad esclusiva cura e spese della Parte Acquirente.

Eventuali lavori straordinari già deliberati prima del rogito notarile resteranno a carico della Parte Venditrice. Le parti convengono che le detrazioni fiscali per le eventuali quote pagate o da pagarsi in futuro, per le delibere su lavori straordinari antecedenti al rogito notarile, resteranno a favore della parte Venditrice.

La consegna dell'unità immobiliare in oggetto avverrà entro e non oltre il ....In tale data l'immobile dovrà essere libero di persone e cose. Il momento della consegna fa testo circa l'assunzione di vantaggi ed oneri.

4)   La vendita viene effettuata a corpo e non a misura al prezzo che viene di comune accordo   stabilito ed accettato definitivamente tra le Parti in:

€ .... (Euro ..../00)

che la Parte Acquirente si obbliga a pagare nei modi e nei termini seguenti:

a)   quanto a € .... (Euro ..../00)

76

mediante assegno bancario dell'istituto ...., n. .... a titolo di Caparra Confirmatoria;

b) quanto a € .... (Euro ..../00)

mediante assegno bancario dell'istituto ...., n. .... contestualmente alla firma della presente scrittura, che ne costituisce quietanza a titolo di integrazione caparra confirmatoria, salvo buon fine;

c) quanto a € .... (pari a Euro ..../00)

che la Parte Acquirente verserà contestualmente all'Atto Notarile parte in assegni circolare e parte mediante netto ricavo di mutuo richiesto a primaria Società Finanziaria o Banca e che la Parte Venditrice riscuoterà sempre tramite assegni circolari contestualmente al Rogito Notarile a titolo di saldo prezzo. Ai fini dell'ottenimento del mutuo, la Parte Acquirente dichiara di possedere i requisiti richiesti a tal fine (reddito adeguato, nessun protesto, nessuna procedura fallimentare in corso, pieno godimento dei diritti civili e politici), la Parte Venditrice si impegna a far avere i documenti necessari per l'istruzione della pratica al più presto (titoli di proprietà, tipi planimetrici e quant'altro necessario).

5)   L'atto notarile verrà stipulato dal Notaio scelto dalla Parte Acquirente entro e non oltre il ....

6)   La Parte Venditrice, in relazione alla Legge 28 febbraio 1985 n. 47 e in base a qualsiasi altra   normativa si impegna a verificare al più presto la conformità della porzione immobiliare in oggetto a Leggi, strumenti edilizi - urbanistici e/o atti amministrativi entro la data di stipulazione dell'atto di Compravendita e, in caso di contrasto e/o difformità, si impegna ad effettuare a propria cura e spese la sanatoria e ogni adempimento conseguente.

7)   La Parte Venditrice e la Parte Acquirente convengono che qualsiasi modifica al presente contratto dovrà essere approvata esclusivamente per atto scritto.

8)   Saranno a carico della Parte Acquirente le spese e le tasse relative all'atto notarile di compravendita, secondo le disposizioni che saranno vigenti al momento della sottoscrizione dell'atto.

9)   Per tutte le controversie che dovessero insorgere tra le Parti in relazione al presente contratto il Foro competente sarà quello di
....

Milano, lì ....

LETTO, APPROVATO E SOTTOSCRITTO

....

(Parte Venditrice)   (Parte Acquirente)

Ai sensi e per gli effetti di cui gli art. 1341/1342 C.C. si hanno per lette e approvate le superiori clausole :

2.   (obbligo alla Parte Venditrice di trasferire libero da vincoli, pesi gravanti sull'immobile);

3.   (vendita dell'immobile nello stato di fatto in cui si trova, visto e piaciuto dalla Parte Acquirente, diritti sulle parti comuni art. 1117 C.C., consegna dell'immobile);

4.   (vendita a corpo e prezzo con modalità di pagamento e caparra);

5.   (stipula del Rogito Notarile e termine);

7.   (modifica dei termini);

9.   (foro competente).

....

(Parte Venditrice)   (Parte Acquirente)

CONTRATTO DI LOCAZIONE DI IMMOBILE AD USO ABITATIVO

Ai sensi dell'art.2, comma 1, della legge 9/12/98, n.431

LOCATORE/I (nome e cognome, luogo e data di nascita, residenza, codice fiscale)

CONDUTTORE/I (nome e cognome, luogo e data di nascita, residenza, codice fiscale)

concede in locazione l'unità immobiliare sita in ...., censita al N.C.E.U. del Comune di ....al Foglio ......, particella ...., sub ......, zona censuaria ...., categoria ......, classe ....., composta da ...... vani, sita in via ...., rendita catastale euro ....

ai seguenti patti e condizioni

1)   **DURATA:** Il contratto è stipulato per la durata di anni 4, dal .... al .... e si intenderà rinnovato per altri quattro anni nell'ipotesi in cui il Locatore non comunichi   al conduttore disdetta del contratto ai sensi dell'art. 3, comma 1, della legge 9 dicembre 1998, n. 431, da recapitarsi a mezzo lettera raccomandata almeno sei mesi prima della scadenza.

2)   **RINNOVO:** Al termine dell'eventuale periodo di rinnovo del contratto, ciascuna delle parti avrà diritto di attivare la procedura per il rinnovo a nuove condizioni oppure per la rinuncia al rinnovo del contratto, comunicando la propria intenzione con lettera raccomandata da inviare alla controparte almeno sei mesi prima della scadenza. La parte interpellata dovrà rispondere mediante lettera raccomandata entro

trenta giorni dalla data di ricevimento di tale raccomandata. In mancanza di risposta ovvero di disaccordo, il contratto s'intenderà scaduto alla data di cessazione della locazione. In mancanza della suddetta comunicazione il contratto si rinnoverà tacitamente alle medesime condizioni.

Il Conduttore ha facoltà di recedere dal contratto – previo avviso da recapitarsi al Locatore a mezzo lettera raccomandata – almeno 6 mesi prima – dalla data in cui ha intenzione di lasciare l'immobile – accollandosi integralmente le spese occorrenti per la risoluzione del contratto.

3)   **USO:** L'immobile dovrà essere destinato esclusivamente ad uso di civile abitazione del conduttore e delle persone attualmente con lui conviventi. Non potrà/potrà sublocare o dare in comodato, in tutto o in parte, l'unità immobiliare, pena la risoluzione di diritto del contratto ed il risarcimento dei danni.

4)   **CANONE:** Il canone annuo di locazione – avendo le parti tenuto presente l'ubicazione e le buone condizioni oggettive dell'immobile, come visto e piaciuto dal conduttore e nello stato in cui si trova è convenuto in € .... (euro ..../00) annue, che il Conduttore si obbliga a corrispondere al Locatore in dodici rate mensili anticipate dell'importo di € .... (euro ..../00) ciascuna tramite bonifico bancario e quindi in scadenza anticipata entro il giorno 05 del mese di competenza. A tale importo vanno aggiunte € .... (euro ..../00) annue per le spese relative all'ordinaria amministrazione dell'immobile locato, salvo conguaglio di fine esercizio, che sono interamente a carico del Conduttore e saranno divise in 12 rate mensili di € .... (euro ..../00).

5)   **CEDOLARE SECCA:** Il Locatore dichiara di optare per il regime fiscale della "cedolare secca" di cui all'art. 3 della Legge 23/2011, sostitutiva dell'imposta sul reddito delle persone fisiche e delle relative addizionali, nonché delle imposte di registro e di bollo sul contratto di locazione. Di conseguenza, i proprietari rinunciano alla facoltà di chiedere l'aggiornamento del canone ISTAT come previsto per i contratti soggetti ad IRPEF. Il Conduttore esonera espressamente il Locatore dalla comunicazione prevista dall'art. 3, comma 11 della Legge n°23/2011, in

quanto s'intende comunicata nella presente scrittura l'opzione per la tassazione c.d. della cedolare secca da parte del Locatore.

6)   **PAGAMENTO DEL CANONE:** Il pagamento del canone o di quant'altro dovuto anche per oneri accessori non potrà essere sospeso o ritardato da pretese o eccezioni del Conduttore, qualunque ne sia il titolo. Il mancato puntuale pagamento al domicilio del Locatore per qualunque causa costituisce in mora di diritto il Conduttore.

7)   **ACCESSO AI LOCALI:** Il Conduttore dovrà consentire l'accesso all'unità immobiliare al Locatore, o al suo delegato ove ne abbia, motivandola, ragione e nel caso il Locatore decida di mettere in vendita l'immobile di consentire le visite almeno un giorno a settimana per almeno due ore, previo avviso.

8)   **VISITA IMMOBILE:** Il Conduttore dichiara di aver visitato la casa locata e di averla trovata adatta all'uso convenuto e s'impegna a riconsegnare l'unità immobiliare nel medesimo stato in cui l'ha ricevuta, vale a dire in buono stato di manutenzione. È in ogni caso vietato al Conduttore compiere atti e tenere comportamenti che possano recare molestia ai vicini.

9)   **MODIFICHE INTERNE:** Il Conduttore senza il preventivo consenso scritto del Locatore, non potrà apportare alcuna modifica, innovazione, miglioria o addizione all'unità immobiliare locata e alla loro destinazione o agli impianti esistenti, pena il ripristino a proprie spese ed il risarcimento dei danni.

10)   **DANNI:** Il Conduttore esonera espressamente il Locatore da ogni responsabilità per danni diretti o indiretti che potessero derivargli a lui o a terzi da fatti non dipendenti dal Locatore medesimo nonché per interruzioni incolpevoli dei servizi.

11)   **CAUZIONE:** A garanzia delle obbligazioni che assume con il presente contratto, il Conduttore si impegna a versare al Locatore, che con la firma del presente contratto ne rilascia quietanza, la somma di € .... non imputabile in conto pigioni e improduttiva di interessi legali. Tale importo sarà restituito al Conduttore al momento della cessazione del contratto, previa verifica dello stato dell'unità immobiliare locata

12)   **CUSTODE DEL BENE:** La parte conduttrice è costituita custode della cosa locata ed è tenuta, a proprie spese, alla manutenzione ordinaria di tutti gli impianti già presenti nell'immobile, nonché le piccole riparazioni di cui all'art. 1609 del c.c. Quando la cosa locata ha bisogno di manutenzioni straordinarie, non dovute a cattivo utilizzo dell'immobile da parte del Conduttore - le spese relative sono a carico del Locatore mentre se la manutenzione straordinaria deriva da fatti riconducibili a cattivo utilizzo da parte del Conduttore sarà quest'ultimo ad accollarsi le spese per il ripristino. Il Conduttore è tenuto in entrambi i casi a dare tempestiva comunicazione al Conduttore. L'immobile viene consegnato imbiancato e pertanto dovrà essere restituito nel medesimo stato.

13)   **NOTIFICA ATTI:** A tutti gli effetti del presente contratto, interpretazione, esecuzione, risoluzione, comprese la notifica degli atti esecutivi e ai fini della competenza a giudicare, il Conduttore elegge domicilio nei locali locati, ove più non li occupi o comunque detenga, presso l'Ufficio di Segreteria del Comune di........

14)   **MODIFICHE SCRITTE:** Qualunque modifica al presente contratto non potrà aver luogo, e non potrà essere provata, se non mediante atto scritto.

15)   **DATI PERSONALI:** Il Locatore e il Conduttore si autorizzano reciprocamente a comunicare a terzi i propri dati personali in relazione ad adempimenti connessi col rapporto di locazione.

Letto approvato e sottoscritto a ...., il ....

IL LOCATORE   **IL CONDUTTORE**

---------------------------------------   ---------------------------------------

Ai sensi e per gli effetti di cui art. 1341/1342 C.C. si danno per lette e approvate le seguenti clausole: 1,2,4,6,7,8,9,10,11,12,13.

DANIELE MODUGNO

Mi presento, mi chiamo Daniele Modugno, sono un agente immobiliare. La mia agenzia si chiama SPAZIOURBANO e opera su Milano.

Ho iniziato a muovermi nel settore immobiliare nel 1998. Una volta diplomato e dopo aver provato vari lavoretti, ho colto l'opportunità di un grosso Franchising, allora in grande ascesa.

Così mi sono ritrovato giorno dopo giorno in strada, armato di blocchettino e penna a caccia di nuove case da vendere. Ho sfidato il freddo gelido dell'inverno, la nebbia, la pioggia e il torrido caldo estivo, spinto da una passione che andava via via crescendo. Mi piaceva molto dare una mano a tante persone a realizzare il proprio sogno di acquistar casa.

La smania di aprire sempre più punti vendita in breve tempo, tipico dei franchising, portava noi ragazzi ad essere sballottati di zona in zona e a crescere molto in fretta.

Dopo varie trafile di crescita all'interno delle agenzie immobiliari, nel 2001 supero il tanto temuto esame per l'iscrizione al ruolo e divento ufficialmente un Agente Immobiliare.

Apro la mia agenzia a Genova, trasferendomi lì per 3 anni, ma la nostalgia di casa mi porta a cederla e a riaprire nel 2005 a Milano, nella mia zona.

Nel 2014, ho abbandonato il franchising e ho creato il mio marchio: **SPAZIOURBANO IMMOBILIARE**, con lo scopo di creare un'agenzia che rispecchi di più le mie idee e i miei ideali.

SPAZIOURBANO, è un'agenzia indirizzata al cliente, orientata cioè alla ricerca della soddisfazione del cliente, non sarà mai un gruppo di agenzie capillari sul territorio, perché non credo che uno sviluppo selvaggio in ogni angolo della città possa garantire un livello di qualità alto.

Preferiamo rimanere esclusivi, preferiamo gestire un numero di clienti adeguato alla nostra struttura, per far sì che ognuno si possa sentire seguito al meglio ed accompagnato in ogni fase della compravendita nel giusto modo. Con SPAZIOURBANO il cliente può avere un servizio dedicato e personalizzato, pagando solo il servizio che effettivamente necessita e utilizza.

Preferiamo contare il numero dei clienti soddisfatti, piuttosto che quello delle agenzie aperte.

Se ti fa piacere restare in contatto con me, puoi seguirmi sul mio blog all'interno del sito internet www.spaziourbanoimmobiliare.it o sui canali social. Grazie per aver letto il mio libro.

Daniele Modugno, nato a Milano il 19/10/1975

SPAZIOURBANO IMMOBILIARE, Via Forze Armate, 348 - Milano

www.ingramcontent.com/pod-product-compliance
Lightning Source LLC
Chambersburg PA
CBHW051220170526
45166CB00005B/1979